人生へこたれない
みきママ
やり抜きごはん

監修 管理栄養士 平原あさみ

私、栄養の勉強をして、わかったんです。

食べ物の力って、すごい！

ということ。

おいしいものを食べて笑っていれば、元気でいられるんです。
それはずっと、変わりません。
でもそれは、食べ物の栄養のおかげで、
栄養って、体を根底から変えるくらいすごい力を持っているのだと
大学で勉強してわかりました。
子どもには自分のやりたい道を見つけて、やり抜いてほしいです。

同時に、親だって、人生これからです。負けていられません。
今まで食べたもの、これから食べるものの栄養が、血液から全身に回って、食べたもので結果が出る！
だから私は、食べ物の力を信じているんです。
栄養のことは、まだ勉強中の学生です。
この本は、私が尊敬するママ友であり、仕事仲間でもある管理栄養士の平原あさみさんにも協力してもらいました。
私は１２０才まで元気で生きるのが目標です！
私の料理がどんなときもへこたれない、皆さんの「やり抜く力」「生き抜く力」になりますように！

みきママ

食事で おいしい！楽しい！人生やり抜く力をつけよう!!

料理研究家でありながら、「もっと食べ物の力を生かした提案をしたい！」と栄養学を学ぶみきママ。長男のはる兄こと遙人さんは、東京大学に現役合格。バックパックひとつで海外を旅するなど、抜群の行動力で夢を切り開いています。親子ともにやりたいことに全力投球できる秘けつとは？ 子育て期間を振り返りながらの親子トークをお届けします。

はる兄
みきママ

夕食は子どもの話を聞くベストタイミングです

はる兄（H） うちの食事風景を改めて振り返ってみると、お母さんってすごい聞き上手だな、と思う。めちゃくちゃ笑ってくれるし、前のめりになって聞いてくれるよね。

みきママ（M） 食事中は楽しくしゃべって笑ってたいじゃん。私だって、ごはんのときに仕事の話はしたくないと思うから。

H 「私のときはね」みたいな自分語りをせず、僕たち子どもが話すのを「そうなんだ」って聞いてくれたのは、うれしかったかな。あと、がんばってることをすかさずほめてくれるから、それで自己肯定感がかなり上がったような気がする。

M だって「今日は何したの？」って聞くと、すごい勉強してるから。もう心から感心。ただ、高校生のときなんか塾から帰ってくると、もう夜11時。そこから夜ごはんなのは正直、大変だったけどね（笑）。

H でも、いつもいっしょに食卓についてくれたよね。

M だって、ゆっくり話せるのって夜ごはんくらいしかない。それに、夜ごはんを楽しみに帰ってきてくれるのもうれしかったしね。

H いちばんよく覚えているのは、高校受験の前日の夕食。第一志望の試験前でめっちゃ緊張して、変なテンションになって。その日は両親と3人で食卓を囲んでいたんだけど、大しておもしろくない話で僕が泣くほど爆笑して、3人で笑い転げて。そのおかげで緊張がなくなった。

M 「がんばれ」「だいじょうぶだから」とかは言わなかったかもね。

H 試験前でも、食卓はいつも通り。笑って、しゃべって、その感じがすごいよかった。

食はエンタメだっ!

「味に厳しいもんね!」

「試食で舌が肥えたな」

選ぶ、考える、説明する。家ごはんで鍛えられたこと

H これは、お母さんの仕事柄ではあるけれど、「この3つの中でどれがいちばんおいしい?」って出されて、よく試食担当をしていたことを思い出しました。

M 調味料の配合を変えて作ったりするから、どれがいいか客観的な意見を聞きたくて。

H 正直、ほぼ同じなんですよ(笑)。でも、その中で1つ、いちばん好きだなと思うものを選ぶ。すると、「なんで?」って聞かれるから、「とろっとしてて、酸味がやさしい」とかって言葉にするじゃないですか。あれは味覚のトレーニングになっていたのかも。

M うちの子どもたち、おいしくないときは、はっきり言うんです。とくにイライラしながら作ると、「おいしくない」って言われる率、高いですね(笑)。

H 「今日どうした? おいしくないわ」ってね。つい本音が出ちゃう。

M 子どもたちが残した料理を「く

そー」って食べながら、「確かに味がボヤけてた」「ちょっと塩けが強かったか」ってチェックして。次は絶対に残されないようにしてやる!って思うんですよ。そうやってだんだん腕を上げていけばいいんじゃないかな。いまだに残されちゃうこともありますけどね(笑)。

H いつからか、金曜日の夜は「好

き好きパーティ」をするのが恒例になって、あれも楽しかったな。みんなでスーパーに行って、それぞれが食べたいものを買うんです。自分で選んだ好きなものを食べて、食事のあとに"金曜ロードショー"を見るまでが「好き好きパーティ」。

M ポイントは、子どもたちに選ばせるということ。「いくらなんでもそれはちょっと」って思うものもあるかもしれない。子どもが選ぶのを待っていたら、すごく時間がかかるかもしれない。でも、親が選んじゃったら、それはもう「好き好き」じゃないですもんね。

H うちはあまり外食に行く家庭ではなかったですけれど、自分で選ぶ機会がいっぱいあったから楽しかったし、不満は全然なかったです。

M 子どもたち、毎週本気で食べたいものを考えていましたね。週に1回の特別な日だから。

H 自分はエンタテインメントの分野に関心があって、映画や演劇も好

食はエンタテインメント。食への好奇心が育った！

ほんと？

うまっ

イライラしたら深呼吸して、しらす食べな。
体調は食べ物でコントロールする！
みきママ

きなんですけれど、僕にとっては食もエンタメのひとつ。エンタメが感情を揺さぶるものだとしたら、食で感情が揺さぶられることって大いにあるな、と。

M 確かに。おいしいと幸せだし、みんなで食べると楽しいし。お母さんの料理って、レパートリーが無限じゃん。同じ料理だとしても、ちょっと材料が変わっていたり、味つけが違ったり。それもある意味で、遊び心だよね。

H この本でも紹介しているけれど、鶏ももステーキだって、ソースを変えれば全然味が変わる。レパートリーを増やすのって、実はそんなに難しくないんですよね。レパートリー不足で悩んでいる人は、家族に

レシピ本を見せて「どれがいい？」って選んでもらってもいいかも。ゆだけじゃなくて、別の調味料で食べてもおいしいかもしれない、とか。こんなふうに工夫したら、新たなおいしさを発見する大喜利みたいな感じになる。

H ギョーザだとしても、「これはしそとチーズも入れてみよう」「こっちはミニトマトも包んでみよう」というふうに具材で遊んでみたり。手巻き寿司にしても、わさびじょうゆだけじゃなくて、別の調味料で食べてもおいしいかもしれない、とか。

M なるほど！確かにエンタメだ。

H この家庭で育ったからか、食への好奇心は人一倍強いかも。いろいろな味を知りたいから、大学に入ってからも近くの定食屋さんをあちこち開拓したりして楽しんでいます。

6

食べ物は裏切らない！栄養ってすごいんです

H お母さんが毎食料理に手をかけてきてくれたことのありがたさって、今になってすごく感じています。友だちを連れてきても、みんなお母さんの料理を食べると笑顔になるし、みきママのごはんはすごい。

M 遥人も大人になって、こうして言葉にしてくれるけれど、言わなかったとしても子どもたちには親のがんばりや気持ちは伝わっているんだ、と思います。

H 何よりすごいと思うのは、毎日継続してきてくれたこと。今なんか大学にも通っているし、40代なのに僕よりアクティブ。「僕もがんばらなきゃ」って触発されてます。

M ラクに続けられるコツがあるんです。たとえばお肉は特売のときにどっさり買って冷凍室に詰めておけば、何かはパパッと作れるでしょ。最近は、魚の栄養をとりたいから、スーパーでさばいてもらってる。そしたら、魚料理も意外とラク。

H 最近、栄養学にもとづいて献立

これ一番好きかも

を考えてくれるから、さらにパワーアップしているよね。

M だって食べ物は裏切らないから、ちゃんと食べると元気に活動できる。食べ物が生きる力、やり抜く力につながるのは間違いないなと実感してる。

H 信用できるのは、食べ物だけだよ、マジで（笑）。

M いや、人も信用して（笑）。でも、つい先日も起きた瞬間「だるっ！」って思っていたのに、朝食を食べたらみるみる回復していく感覚を味わったことがあって。

H そう、ヨーロッパ1人旅で体調が悪くなったときも、お母さんに電話した。「とりあえずりんごかじりな！」って言われて、すぐりんご買いに行ったわ。

M 最近、「かぜ気味なんだけど、何食べたらいいの？」とか、聞いてくることもあるよね。

M 人間の体って、食べたものが土台になってできているから。だから、子どもたちには隙あらば栄養をとらせようとしています（笑）。

H エビデンスにのっとっているから、すっと聞けますね。以前は、「栄養が大事」と言われても聞き流してしまっていたところもあったんです。

M でしょ？やっぱり食べ物は信用できる。最後、生きるか死ぬかを決めるのは、食べたもの、ってことでOK？

H …OKです。

最近は料理に栄養の理論がくっついた。言う通りに食べると、本当に回復する

はる兄

PART 1 脳と体を育てる たんぱく質おかず

食べ物の栄養素をチェックできる！
やり抜きおかずINDEX

豚肉のおかず

体をつくる
たんぱく質

糖質の代謝を助ける
ビタミンB₁

p.34
野菜入り
万能肉だね

p.28
豚こまピザ

p.35
ハンバーグ

p.30
おかずケバブ

p.35
棒ギョーザ

p.30
ロールケバブ

p.35
キャベツ
シューマイ

p.32
豚キムきゅうり

鶏肉のおかず

体をつくる
たんぱく質

ホルモンバランスを調整する
ビタミンB₆

p.25
鶏ももステーキ
デミグラソース味

p.18
カラフル野菜の
黒酢酢鶏

p.25
鶏ももステーキ
チキン南蛮味

p.20
鶏むねたらこ
パスタ風

p.26
鶏だんごの
豆乳なべ

p.24
鶏ももステーキ
ローストチキン味

p.27
鶏もも
ルーローハン

p.24
鶏ももステーキ
ミートソース味

食材に多く含まれる栄養素のうち、成長期に意識してとりたいもの、不足に気をつけたいものをマークで示しています。

卵のおかず

- 体をつくる **たんぱく質**
- カルシウムの吸収を助ける **ビタミンD**
- 脳機能を高める **レシチン**

p.54
かに玉デラックス

p.56
しらすの皮なしキッシュ

p.57
大きなたこ焼き

鮭のおかず

- 体をつくる **たんぱく質**
- カルシウムの吸収を助ける **ビタミンD**

p.48
鮭フライ コールスローのせ

p.46
鮭の南蛮サラダ

青背の魚のおかず

- 体をつくる **たんぱく質**
- 脳神経を育てる **DHA**

p52
あじのソテー ハニーマスタードソース

p.50
ぶりのステーキ オニオンソース

p.53
あじでうな玉丼

p.51
さばみそイタリアン

牛肉のおかず

- 体をつくる **たんぱく質**
- 血液をつくる **鉄**
- 成長を助ける **亜鉛**

p.38
牛こまバーグのレタスバーガー

p.36
焼き肉プレート

ラム肉のおかず

- 体をつくる **たんぱく質**
- 脂質の代謝を促す **L-カルニチン**

p.40
ジンギスカン

レバーのおかず

- 体をつくる **たんぱく質**
- 血液をつくる **鉄**

p.44
レバーそぼろの2色丼

p.42
デミグラレバーオムライス

PART 2 心身をととのえる野菜のおかず

- 強い骨をつくる**カルシウム**
- 血液をつくる**鉄**
- 腸内環境をととのえる**食物繊維**

- ビタミンAとして働く**β-カロテン**
- 肌を強くする**ビタミンC**
- 血行をよくする**ビタミンE**

抗酸化ビタミン

汁もの 7days

p.72
塩ラーメン風スープ

p.70
切り干し大根のみそ汁

p.73
ふかひれ風スープ

p.71
ちくわと豆腐のすまし汁

p.73
ちゃんぽん風スープ

p.71
ほうとう風みそ汁

p.72
みそラーメン風スープ

煮物

p.66
筑前煮

p.67
筑前煮アレンジ

p.68
かぼちゃの煮つけ

p.69
かぼちゃの煮つけアレンジ

野菜いろいろ

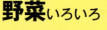

p.63
焼き天ぷら

p.60
白菜のコールスロー

p.64
みそピーなす

p.61
ブロッコリーのチーマヨ焼き

p.65
青菜チャンプルー

p.61
なすのごま酢あえ

p.62
レンチン肉野菜いため風

10

献立は

| ごはん | + | **PART 1**の おかず | + | **PART 2**の おかず |

を合わせるだけで**OK!!**

p.24
鶏ももステーキ
ミートソース味

p.71
ほうとう風みそ汁

1
すぐ使える
エネルギー源
炭水化物
（糖質＋食物繊維）

2
体を大きくする
成長促進剤！
たんぱく質

3
貯蔵できる
エネルギー源
脂質

4
体を強くする＆
代謝を助ける
ビタミン

5
体調をととのえる＆
成長を促す
ミネラル

5大栄養素をそろえよう

生きていくために欠かせない栄養素は、5つ。それぞれに役割があるので、献立でバランスよく食べることが大切です。でも、それってむずかしくないんです！　主食のごはんと、PART1の肉や魚のおかずと、PART2の野菜のおかずを組み合わせてみてください。ほら、5つの栄養素がちゃんとそろいました！

子どもが喜んで食べるポイント

**赤・黄・緑を入れて彩りよくする！
フルーツでもOK**

食卓がカラフルだとさらに食欲がアップするし、栄養バランスもととのえられます。赤・黄・緑の野菜をお皿に敷いたり、ソースがわりにのっけてもいい！「色が足りないな」と思うときは、フルーツを添えてもいいんです。

**メインはテンションが上がる
料理をちゃんと作る！**

メインは「照りがあってうまそ〜!!」「カリッと焼けててかじりたい〜っ!!」と、食欲をそそる見た目に！　甘辛味、甘酸っぱい味、ホワイトソース味など、ごはんが進んで、野菜もいっしょに食べられる味つけにしましょう。

PART 3 困った！ときの栄養お助け献立

お悩み別献立

p.92
肌荒れが
気になる子

p.86
背が伸び悩んで
いる子

p.88
食が細くて
やせている子

p.94
朝、
起きられない子

p.90
お菓子好きで
太り気味な子

シチュエーション別献立

p.80
いよいよ
テスト前日！…

p.76
スポーツに夢中
だったら…

p.82
感染症に
かかったときは…

p.78
塾で
夜遅くなる日は…

p.84
女子の生理が
始まった！…

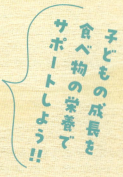

子どもの成長を食べ物の栄養でサポートしよう!!

みきママ、教えて！こんなとき、どうする？

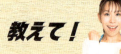

vol 01
p.16
忙しくて何品も作れない！
必要な栄養がとれているのか心配

vol 02
p.58
好き嫌い、偏食、おやつのほうが好き…
子どもがちゃんと食べてくれない！

vol 03
p.74
料理のやる気が出ない。
自分ばっかり大変で疲れる！

vol 04
p.96
部活や塾で帰宅が遅い。
不規則だし、食事も別々になる！

12

PART 息抜きも栄養タイム♥ 軽食＆おやつ

1日3食にプラスして

糖質　たんぱく質　カルシウム　鉄　ビタミンC　ビタミンB₁　食物繊維

などが補給できます!!

ヘルシー系

p.108
オートミールとナッツ
の手作りグラノーラ

p.109
米粉の
にんじんケーキ

ひんやり系

p.110
豆乳クッキーアイス

p.110
こんにゃく
わらびもち

癒やし系

p.106
プチ
フルーツタルト

p.106
バナナチーズ
ケーキ

p.107
カステラドーム
ケーキ

番外編

p.111
ウォーキングおやつ

カルシウム＆鉄

p.104
りんごの
鉄カルグルト

p.105
フィッシュ＆
アーモンド

ドリンク

p.102
ブルーベリー
スムージー

p.103
ココア
プロテイン

p.103
トマトジュース

ピザ＆パン

p.98
えびマヨ＆ペパロニ
こねない激うまピザ

p.100
朝のプチパン

p.101
食パン
トルティーヤ

この本の使い方

- 材料は2人分または作りやすい分量です。
- 計量は小さじ1＝5ml、大さじ1＝15mlです。
- 野菜は、特に指定のない場合は、洗う、皮をむくなどの作業をすませてからの手順を説明しています。
- 火かげんは、特に指定のない限り、弱めの中火で調理しています。
- 電子レンジの加熱時間は600Wの場合の目安です。機種によって加熱時間に多少差がありますので、様子を見てかげんしてください。

プ食材」を常備しよう

冷蔵室に食べ物の力！ 乳製品、卵、しらす干し、納豆、豆腐など、朝食やおやつのたんぱく質補給にぴったり！

3 発酵食品
- ☑ 納豆　たんぱく質　カルシウム　鉄　納豆菌
- ☑ キムチ　乳酸菌

4 卵　たんぱく質　ビタミンD　レシチン

5 大豆製品
- ☑ 豆腐　たんぱく質　カルシウム
- ☑ 豆乳　たんぱく質　カルシウム
- ☑ おから　食物繊維

\ 買いおきCheck! /

1 乳製品
- ☑ ヨーグルト　たんぱく質　カルシウム　乳酸菌
- ☑ チーズ　たんぱく質　カルシウム

2 魚加工品
- ☑ さば缶　たんぱく質　カルシウム　鉄　DHA
- ☑ しらす干し　たんぱく質　カルシウム　ビタミンD
- ☑ 魚肉ソーセージ　たんぱく質
- ☑ ちくわ　たんぱく質

基本の肉・魚・野菜・果物にプラスして
日持ちのする「栄養アッ

常温でOKの食べ物の力！ 不足しがちな栄養素をササッと足して補える！地味だけど頼りになります。

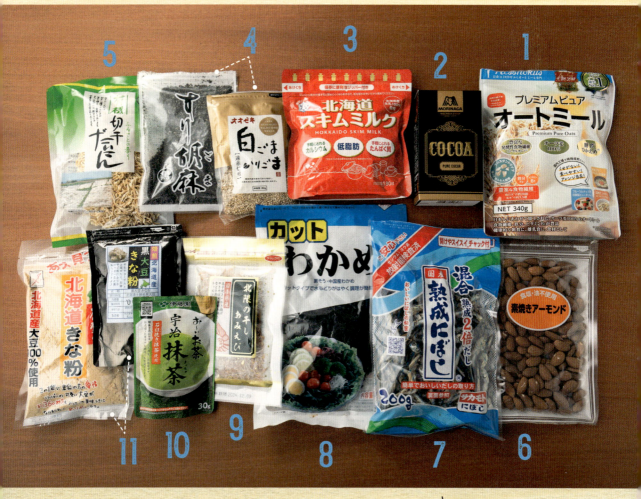

\買いおきCheck!/

- 6 アーモンド [ビタミンE] [ビタミンB2]
- 7 煮干し [カルシウム] [鉄]
- 8 カットわかめ [カルシウム] [マグネシウム] [食物繊維]
- 9 桜えび・あみえび [カルシウム]
- 10 抹茶 [カテキン]
- 11 きな粉 [たんぱく質] [カルシウム] [鉄]

- 1 オートミール [鉄] [食物繊維] [ビタミンB1]
- 2 ココアパウダー [食物繊維] [ポリフェノール]
- 3 スキムミルク [たんぱく質] [カルシウム]
- 4 ごま [カルシウム] [鉄] [亜鉛]
- 5 切り干し大根 [カルシウム] [鉄]

みきママ、教えて！ こんなとき、どうする？

vol 01 忙しくて何品も作れない！必要な栄養がとれているのか心配

成長期にいちばん不足させたくないのは、たんぱく質。

肉と魚は安いときに買って、冷凍室に放り込んでおく！ 2週間はもつから、ストックがあると安心。

立てて入れる

栄養バランスを計算するのは大変。簡単な目安としては、1日に「片手にのる肉」「両手にのる野菜」を食べる

とおぼえて！ 肉は魚と交互に食べられると最高♡ 魚はスーパーでさばいてもらえばラク!!

だからといって、肉ばっかりはよくない！

たんぱく質の消化は体に負担がかかります。ごはん＋お肉＋野菜を食べると、体の中でエネルギーが効率よく作られるんです！

簡単でいい。栄養をそろえる！

忙しい日は、卵かけごはんにしらす干しのせて、あとはサラダでよくないですか？ 脳を働かせる糖質と、体をつくるたんぱく質、体調をととのえるビタミン・ミネラルがとれればOKなんです。バランスがくずれると不調がやってくるから、気をつけて！

たとえば忙しくてラーメンだけで、野菜が不足したという日。次の日の朝、もしお肌がブツブツしてたら、トマトジュースを飲ませたり、**体調に合わせて栄養補給してあげる**のがおすすめ！

PART 1

脳と体を育てる たんぱく質おかず

体を大きくしていく成長期は
大人以上にたんぱく質を
必要とするんです。
肉・魚・卵で
子どもが喜ぶおかずを
作ってあげましょう！

たんぱく質と抗酸化力野菜で

（強め）

最強の

成長たんぱく質①
鶏肉

鶏もも肉 100g あたり たんぱく質 **16.6g**

低脂肪・高たんぱくな優秀ヘルシー食材

鶏肉のたんぱく質は消化吸収率がよいのが特徴。さらに、たんぱく質代謝や神経機能・ホルモン作用をサポートするビタミン B_6 も豊富です。脂肪分が少ないため、体重管理をしたいとき、筋肉をつけたいときにもおすすめの食材です。

カラフル野菜の黒酢酢鶏

材料（2人分）
鶏もも肉 … 1 枚
塩、こしょう … 各少々
パプリカ(赤、黄)
　… 各 1/2 個
ピーマン … 2 個
A 黒酢 … 大さじ 3
　しょうゆ … 大さじ 1.5
　砂糖 … 大さじ 2.5
B かたくり粉 … 大さじ 1/2
　水 … 大さじ 2

作り方

1 具材を切る
鶏肉は大きめの一口大に切り、塩、こしょうを振る。パプリカとピーマンは、縦8等分に切る。

2 焼く
フライパンに鶏肉を皮目を下にして並べ、中火で焼く。皮がパリッとしたらひっくり返し、野菜を加えて蓋をし、2分ほど蒸し焼きにする。

3 調味する
A を加えて煮からめる。まぜ合わせた **B** を回し入れ、とろみがついたら完成。

MIKI's POINT
鶏肉は皮目をパリッと焼いて、食感をよく！

PART 1 鶏肉

発育発達をサポート

酢には、食後の急激な血糖値上昇の抑制、消化吸収の促進、脂肪燃焼、便通改善など、さまざまな健康効果があるといわれています。うまみも豊富な黒酢を使って、お店の味に！

全身の代謝を上げて、
やる気も元気も とことん アップ！

PART 1 鶏肉

鶏むね たらこパスタ風

あくまでっっ

鶏むね肉にはイミダペプチドという疲労回復をサポートする抗酸化物質が含まれ、持久力アップにも役立ちます。DHAやEPAも豊富なたらこのソースで、さらに栄養増強！

材料（2人分）
- 鶏むね肉 … 1枚
- かたくり粉 … 大さじ1/2
- バター … 10g
- **A** たらこ（薄皮を除く）
  … 1/2腹（50g）
  マヨネーズ … 大さじ1
- 刻みのり … 適宜

作り方

1 鶏肉を切る
鶏むね肉は観音開きにし、端から薄切りにし、さらに縦半分に切る。

2 いためる
フライパンに1を入れ、かたくり粉をもみ込み、バターを加えていためる。

3 あえる
火が通ったら、**A**を加えてさっとまぜて火を止め、器に盛る。あれば刻みのりをのせてでき上がり！

MIKI's POINT
かたくり粉を
もみ込めば
鶏むね肉だって
しっとり
やわらか！

① 鶏肉、焼く！
鶏もも肉を皮目からパリッと焼いて！

② そのまま ベースのソース 作る！
野菜や調味料を投入して、味つけスタート。
ソースをかえれば、雰囲気がガラッと変わる！

鶏ももステーキ Wソース4変化

ベースのソース　レンチンホワイトソース

2種類のソースで
ゴージャスに。
ポークソテーにも
応用できます。

PART 1 鶏肉

③ レンチンホワイトソースをかける！

ボウル1つでできちゃう、超簡単レンチンホワイトソースをかければ、さらに"ごちそう感"がアガる！

レンチンホワイトソース

材料（作りやすい分量）
牛乳 … 200ml
薄力粉 … 大さじ1.5
バター … 10g
顆粒コンソメ、砂糖 … 各小さじ1/4

作り方
耐熱ボウルにすべての材料を入れて泡立て器でまぜ、ラップをせずに電子レンジ(600W)で1分加熱し、泡立て器でよくまぜる。同様に「1分加熱してまぜる」を4回くり返し、計5分加熱する。余ったら冷凍も可能！

> きのこのうまみソースで
> ぜいたくな味わいに

ローストチキン味

材料（2人分）

鶏もも肉 … 1枚
まいたけ … 1パック
A しょうゆ … 大さじ2
　はちみつ … 大さじ1.5
好みの生野菜、
レンチンホワイトソース (p.23) … 各適量

作り方

1　鶏肉は皮目を下にしてフライパンに入れて中火にかけ、パチパチと音がしてきたら弱めの中火にして焼き色がつくまで4～5分焼く。
2　上下を返し、周りにほぐしたまいたけを加えて4～5分焼き、Aを加えて煮からめる。
3　器に盛り、生野菜を添え、ホワイトソースをかける。

ミートソース味

> ミートソースパスタの
> あの味をからめて♡

材料（2人分）

鶏もも肉 … 1枚
玉ねぎ（薄切り） … 1/2個分
A トマトケチャップ … 大さじ3
　はちみつ … 大さじ1
　中濃ソース … 大さじ1
　顆粒コンソメ … 小さじ1/2
好みの生野菜、
レンチンホワイトソース (p.23) … 各適量

作り方

1　鶏肉は皮目を下にしてフライパンに入れて中火にかけ、パチパチと音がしてきたら弱めの中火にして焼き色がつくまで4～5分焼く。
2　上下を返し、周りに玉ねぎを加えて4～5分焼き、Aを加えて煮からめる。
3　器に盛り、生野菜を添え、ホワイトソースをかける。

PART 1 鶏肉

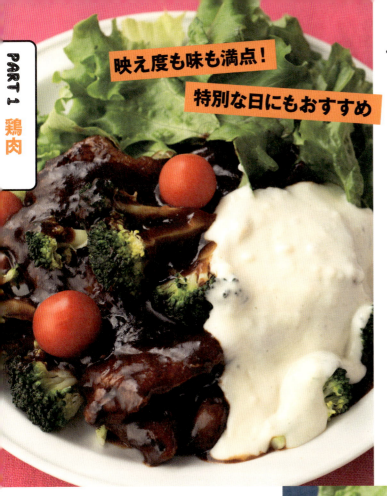

映え度も味も満点！
特別な日にもおすすめ

デミグラソース味

材料（2人分）

鶏もも肉 … 1枚
ブロッコリー … 1/2個
ミニトマト … 3個
A ビーフシチューのもと … 2かけ（45g）
　トマトケチャップ … 大さじ1
　はちみつ … 大さじ1
　顆粒コンソメ … 小さじ1/4
好みの生野菜、
レンチンホワイトソース (p.23) … 各適量

作り方

1　ブロッコリーは小房に分けて耐熱容器に入れ、ラップをかけて電子レンジ(600 W)で2分30秒加熱する。
2　鶏肉は皮目を下にしてフライパンに入れて中火にかけ、パチパチと音がしてきたら弱めの中火にして焼き色がつくまで4～5分焼く。
3　上下を返して4～5分焼き、Aと水200mlを加えて煮からめる。
4　器に盛り、生野菜を添え、1とミニトマトをのせ、ホワイトソースをかける。

チキン南蛮味

ごろっと大ぶりな
れんこんがポイント

材料（2人分）

鶏もも肉 … 1枚
れんこん … 1/2節
A しょうゆ、砂糖 … 各大さじ1.5
　酢 … 大さじ1
好みの生野菜、
レンチンホワイトソース (p.23) … 各適量

作り方

1　鶏肉は皮目を下にしてフライパンに入れて中火にかけ、パチパチと音がしてきたら弱めの中火にして焼き色がつくまで4～5分焼く。
2　上下を返し、周りに半月切りにしたれんこんを加えて4～5分焼き、Aを加えて煮からめる。
3　器に盛り、生野菜を添え、ホワイトソースをかける。

仕上げに！

水を入れてねると鶏だんごがふわふわに

鶏だんごの豆乳なべ

材料（2人分）
- **A** 鶏ひき肉 … 300g
  - 長ねぎ（みじん切り）… 1/2本
  - かたくり粉 … 大さじ1
  - 塩 … ふたつまみ
  - 水 … 大さじ3
- にら … 1/2束
- しいたけ … 4個
- **B** 無調整豆乳 … 400ml
  - めんつゆ（3倍濃縮）… 大さじ3
  - 鶏ガラスープのもと … 大さじ1

作り方

1 野菜を切る
にらは5cm長さに、しいたけは石づきをとって半分に切る。

2 鶏だんごを作る
ボウルに **A** を入れてよくねりまぜる。

3 煮る
なべに水400mlを沸かし、**2** をスプーンですくって落とし入れ、しいたけも加えて5分ほど煮る。

4 豆乳を加えて仕上げる
B を加えてひと煮し、にらを加えて火を止める。

PART 1 鶏肉

本場・台湾の味を鶏肉で完全再現！

鶏ももルーローハン

はさみでカット！

材料（2人分）
鶏もも肉 … 1枚
塩、こしょう … 各少々
玉ねぎ … 1/2個
A しょうゆ、オイスターソース、砂糖 … 各大さじ1.5
　 おろしにんにく、おろししょうが … 各小さじ1
　 五香粉（または粉山椒） … 小さじ1/4
ゆで卵 … 1個
あたたかいごはん … 茶わん2杯分

● 小松菜ナムル

小松菜1束は5cm長さに切って2分ほどゆで、ざるに上げて水けをしぼる。ごま油大さじ1、塩、うまみ調味料各小さじ1/4であえる。

作り方

1　下準備をする

鶏肉は両面に塩、こしょうを振って、下味をつける。玉ねぎは一口大に切る。

2　焼く

鶏肉は皮目を下にしてフライパンに入れて中火にかけ、パチパチと音がしてきたら弱めの中火にして焼き色がつくまで4～5分焼く。

3　はさみでカット！

上下を返し、周りに玉ねぎを加えてさらに4～5分焼き、鶏肉に火が通ったらキッチンばさみで一口大に切る。

4　調味する

Aを加えて煮からめ、ごはんとともに器に盛り、ゆで卵と小松菜ナムルを添える。

疲れた体にはビタミンB_1で

最強の成長たんぱく質② 豚肉

豚もも肉 100g あたり たんぱく質 **20.5**g

元気に活動できる体と脳をつくる！

豚肉に豊富に含まれるビタミンB_1は、糖質をエネルギーに変えるのに必須。また、ビタミンB群は代謝や神経系の発達に重要な働きをし、記憶力や集中力の向上を助ける効果も。勉強に運動にと活動量の多い子どもたちにとって、欠かせない基本食材です。

豚こまピザ

材料（2人分）

- 豚こま切れ肉 … 300g
- 塩、こしょう … 各少々
- かたくり粉 … 大さじ1
- サラダ油 … 大さじ1
- トマトケチャップ … 大さじ2
- ピザ用チーズ … 100g
- ミニトマト … 10個
- バジルの葉 … 5枚

作り方

1 フライパンに敷く
フライパンに豚肉を入れ、塩、こしょう、かたくり粉をまぶし、薄く広げる。

2 両面を焼く
油を回しかけて中火にかけ、片面が焼き固まったら上下を返す。

3 トッピング
ケチャップを塗り、チーズとトマトをのせる。チーズがとけたら火を止め、バジルを散らしたら完成！

MIKI's POINT
豚こま切れ肉を生地がわりに！クリスピーな食感がイイ♡

PART 1 豚肉

エネルギー注入！

チーズと豚肉を組み合わせることで、体に必要なビタミンB群をバランスよく摂取！ さらに、チーズに含まれるカルシウムは、骨や歯の健康にも役立ちます。

スパイス×豚肉で免疫力を上げる

おかずケバブ

MIKI's POINT
カレー粉は少量なら「カレー味」にならない！ スパイスミックスとして使えます！

材料（2人分）
- 豚こま切れ肉 … 200g
- サラダ油 … 大さじ1/2
- カレー粉 … 大さじ1/2
- **A** 砂糖 … 小さじ2
  - しょうゆ … 小さじ2
  - おろしにんにく … 小さじ1/2
- **B** トマトケチャップ、マヨネーズ
  - … 各大さじ1
- レタスなど好みの生野菜 … 適量

作り方

1 豚肉をいためる
フライパンに油を熱し、豚肉を入れ、3分ほどいためる。

2 調味する
カレー粉を振り、**A**を加え、よくからめる。

3 野菜と盛り合わせる
器にちぎったレタスやせん切りキャベツなど、好みの野菜を敷き、**2**をのせ、まぜ合わせた**B**をかける。

\Arrange/

塾弁にもおすすめ！
ロールケバブ
ロールパンや食パンにはさめば、お弁当にも。ワンハンドで食べられて、サクッと栄養補給できちゃいます。

PART 1 豚肉

レタスやせん切りキャベツ、ベビーリーフなどの生野菜と合わせて、ビタミンCも補給。ビタミンCには、豚肉に含まれるヘム鉄の吸収をよくしてくれる効果もあります。

MIKI's POINT
生で食べることの多いきゅうり、軽く火を通すと、意外なおいしさで新鮮!

食べ物の栄養を全身に運ぶためには、腸内環境をととのえ、消化と吸収を促進することも大切。乳酸菌が豊富なキムチとデトックス効果のあるきゅうりで、栄養を活用できる体に。

PART 1 豚肉

豚キムきゅうり

材料（2人分）
- 豚こま切れ肉 … 300g
- かたくり粉 … 大さじ1/2
- ごま油 … 大さじ1/2
- 白菜キムチ … 200g
- きゅうり … 1本
- めんつゆ（3倍濃縮）… 大さじ1

作り方

1 切る
きゅうりは乱切りにする。

2 いためる
フライパンに豚肉を入れ、かたくり粉をもみ込む。ごま油を回しかけ、弱めの中火で3分ほどいため、キムチ、きゅうりを加えて、きゅうりに油が回るまでさらにいためる。

3 調味する
めんつゆを加え、さっといため合わせたら、でき上がり！

発酵パワーで腸をととのえて栄養を吸収！ 効率よく

余り野菜投入でビタミン＆食物繊維もまとめどり！

MIKI's POINT
チャーハンやミートソースの具としても◎

野菜入り万能肉だね

材料（作りやすい分量）

豚ひき肉 … 400g
好みの野菜（なす、ピーマン、しいたけなど）
　… 合わせて 200g
A　かたくり粉 … 大さじ1
　塩、鶏ガラスープのもと … 各小さじ1/4
　こしょう … 少々

作り方

1 野菜はすべてみじん切りにする。にんじん、玉ねぎなど、入れる野菜はなんでもOK！（にんじんはレンチンしてから加えてね！）

2 ボウルにひき肉、1、Aを入れ、よくねりまぜる。

PART 1 豚肉

肉のうまみを吸った野菜は、もはや肉!

ハンバーグ

材料（2人分）

万能肉だね…半量

サラダ油…大さじ1/2

A｜トマトケチャップ…大さじ4
　｜中濃ソース…大さじ2

作り方

1　肉だねを円盤状に成形し、油を熱したフライパンに入れる。蓋をして、弱めの中火で両面3分ずつ焼いて火を通す。

2　器に盛り、まぜ合わせた**A**をかける。

カリッと香ばしく焼き上げて

棒ギョーザ

材料（2人分）

万能肉だね…半量

ギョーザの皮（市販）…16枚

サラダ油…小さじ1

作り方

1　ギョーザの皮の中央に肉だねを等分にのせ、両端を折って、ふちに水をつけてとめる。

2　1をフライパンに並べ、油を回しかけ、弱めの中火で両面に焼き色がつくまで焼く。

キャベツの甘みと肉だねのうまみが合体!

キャベツシューマイ

材料（2人分）

万能肉だね…半量

キャベツ…200g

作り方

1　キャベツはせん切りにして耐熱ボウルに入れ、ラップをかけて電子レンジ(600W)で3分ほど加熱し、水にさらしてからしぼる。

2　肉だねを8等分にして、丸める。

3　1の適量を手のひらにのせ、肉だねを握るようにして周りにつける。

4　耐熱の器に**3**をのせ、ラップをかけて電子レンジ(600W)で8分ほど加熱する。

牛赤身肉のたんぱく質＋亜鉛で

最強の
成長たんぱく質③
牛肉

牛もも肉 100g あたり たんぱく質 **19.6**g

不足しがちな 亜鉛や鉄分も豊富！
美肌＆美髪にも超重要

牛肉には、亜鉛や鉄分が多く含まれます。亜鉛は、新陳代謝やたんぱく質の合成をサポートするミネラルで、コラーゲンの生成を助ける働きも。たんぱく質やビタミン・ミネラルをしっかりとるためには、脂質の多い霜降り肉より赤身肉を選ぶのがおすすめです。

焼き肉プレート

材料（2人分）

牛こま切れ肉 … 200g
かたくり粉 … 小さじ1
サラダ油 … 大さじ1/2
ピーマン … 1個
赤ピーマン … 1/4個
白菜キムチ … 50g
A 砂糖、しょうゆ … 各大さじ2
　みりん … 大さじ1
　ごま油 … 小さじ1
　おろししょうが、おろしにんにく
　　… 各小さじ1/2
　鶏ガラスープのもと … 小さじ1/4

作り方

1 切る
ピーマンと赤ピーマンは、縦8等分に切る。

2 さっと焼く
牛肉をフライパンに入れ、かたくり粉をまぶす。油を回しかけ、1も加えて中火にかけ、肉の両面をさっと焼き、Aを加えて調味する。キムチをのせ、好みでレタスを添える。

PART 1 牛肉

身長を伸ばす！

MIKI's POINT

この焼き肉のたれが
めちゃうま！
野菜もモリモリ
食べられます！

筋肉や骨の材料となるたんぱく質をしっかりとることに加え、成長期には骨細胞の増殖に関わる亜鉛不足を防ぐことも重要！ 牛肉は、身長を伸ばしたい時期の強い味方なんです。

野菜のビタミンCが脳の成長にも必須の

牛こまバーグのレタスバーガー

材料（2人分）

- 牛こま切れ肉 … 300g
- 塩、こしょう … 各少々
- かたくり粉 … 大さじ1
- レタス … 12枚
- トマト … 2/3個
- 卵 … 2個
- サラダ油 … 大さじ1/2
- A トマトケチャップ、
  マヨネーズ
  　… 各大さじ2
  はちみつ … 小さじ2

作り方

1 目玉焼きを作る
フライパンに油を引いて中火で熱し、卵を割り入れて焼き、好みの焼きかげんになったらとり出す。

2 ハンバーグを作る
牛肉に塩、こしょうを振り、かたくり粉をまぶして円盤状に成形し、1のフライパンで両面をこんがりと焼く。

3 包む
ラップを広げ、レタス（大きめ4枚）、目玉焼き、2、まぜ合わせたA、スライスしたトマトの順にのせる。上からレタス2枚（内側の葉）をかぶせ、両端を折って巻いてラップでぎゅっと包み、なじませる。ラップごと半分に切る。

PART 1 牛肉

ざくっ!!

鉄の吸収を助ける

MIKI's POINT
バンズのかわりにレタスを使った、低糖質バーガーです！

貧血になると、脳に酸素が行き渡らず、集中力や記憶力が低下。また、ドーパミンなどの神経伝達物質の合成にも、鉄が必要です。赤身肉＋野菜は、鉄を効率よく吸収できる最強コンビ。

脂肪を燃やすL-カルニチンで

最強の
成長たんぱく質④

ラム肉
20.0g

ラムもも肉 100g あたり たんぱく質

糖や脂肪の代謝を助け、貧血予防にも効果的！

ラム肉には、脂肪の代謝を促進するL-カルニチンというアミノ酸や、糖や脂質をエネルギーに変えるビタミンB群が豊富です。亜鉛や鉄などのミネラルも多く、免疫力アップにも効果的。低カロリーで栄養価が高く、成長期に積極的にとり入れたい食材の1つです。

ジンギスカン

材料（2人分）
- ラム薄切り肉 … 200g
- 塩 … 少々
- かたくり粉 … 小さじ1
- サラダ油 … 大さじ1/2
- もやし … 1/2袋
- 焼き肉のたれ（p.36のAをまぜる）… 適量

作り方

1 焼く
ラム肉をフライパンに入れ、塩とかたくり粉をまぶす。油を回しかけ、中火で焼く。

2 もやしを加える
肉を片側に寄せ、あいたところにもやしを加え、焼けた肉をもやしの上にのせて蒸し焼きにする。焼き肉のたれを添え、フライパンごとテーブルへ。塩、こしょうで食べてもおいしい！

PART 1 ラム肉

食べて美ボディに

MIKI's POINT

もやしにラム肉をのせて蒸し焼きに。加熱のしすぎで肉がかたくなるのも防げます！

ラム肉を焼きすぎるとL-カルニチンが損失してしまって、もったいない！ 焼けたものからもやしにのせて。運動前に食べると、より脂肪燃焼効果が高まります。

速攻鉄分チャージでダルさやイライラを

最強の
成長たんぱく質⑤

レバー

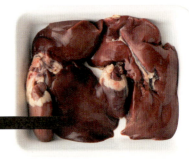

鶏レバー100g あたり たんぱく質 **18.9**g

ビタミン・ミネラルもたっぷりの栄養爆弾！

レバーのたんぱく質は必須アミノ酸を豊富に含んでいて、細胞の修復や体の成長に大活躍！ また、体に吸収されやすいヘム鉄、亜鉛や銅などのミネラル、免疫機能や皮膚・粘膜の健康に役立つビタミンAなどもたっぷり。ただし、ビタミンAの過剰摂取には注意が必要。レバーは週に1回、50～100g程度を目安にしましょう。

MIKI's POINT

ぬるぬるレバーが苦手な人も、加熱後に切れば調理のハードルが下がる！

PART 1 レバー

吹っ飛ばす！

ルーいらず！
デミグラレバーオムライス

鉄分が不足すると、血中のヘモグロビンの量が減少。全身に十分な酸素が行き渡らず、疲労感やイライラ、集中力低下の原因に！ 体に吸収されやすいヘム鉄を積極的にとって。

材料（2人分）
- 鶏レバー … 200g
- かたくり粉 … 大さじ1
- サラダ油 … 大さじ1
- 合いびき肉 … 100g
- **A** 赤ワイン … 50ml
  - トマトケチャップ … 大さじ3
  - はちみつ … 大さじ1.5
  - 中濃ソース … 大さじ1
  - みそ … 大さじ1/2
  - 顆粒コンソメ … ひとつまみ
- **B** 卵 … 4個
  - 牛乳 … 大さじ1
- あたたかいごはん … 茶わん2杯分

作り方

1 揚げ焼きにする
フライパンにレバーを入れてかたくり粉をまぶし、油を回し入れる。蓋をして5分ほど揚げ焼きにしたら上下を返し、ひき肉を加えてさらに5分、蓋をして揚げ焼きにする。

2 調味する
レバーをキッチンばさみでこまかく切り、**A**と水100mlを加えて煮立て、とろみがつくまで3分ほど煮詰める。

3 とろとろ卵を作る
別のフライパンにサラダ油少々（分量外）を熱し、まぜ合わせた**B**を流し入れ、菜箸で大きくかきまぜて半熟状にする。器にごはん、**2**を盛り、とろとろ卵をのせる。

レバーそぼろの2色丼

レバーには体に吸収されやすいヘム鉄、造血作用のあるビタミンB12やビタミンB6などが豊富。血流にのせて全身に栄養を巡らせる働きをしてくれます。

材料（2人分）

鶏レバー … 200g
豚ひき肉 … 100g
サラダ油 … 大さじ1
A はちみつ … 大さじ2
　しょうゆ … 大さじ1.5
B 卵 … 3個
　砂糖 … 大さじ1
あたたかいごはん
　… 茶わん2杯分

作り方

1 切る
ボウルにレバーとひき肉を入れ、キッチンばさみでレバーをこまかく切る。

2 いためる
フライパンに**1**を入れ、油を回しかけ、色が変わるまで中火でいため、**A**を加えて水けがなくなるまでいためる。

3 いり卵を作る
別のフライパンにサラダ油少々（分量外）を熱し、まぜ合わせた**B**を流し入れ、菜箸でまぜながらポロポロになるまでいためる。器にごはんを盛り、**2**とともに盛り合わせる。

PART 1 レバー

貧血予防＆肌荒れ改善！週1レバーで栄養が巡る体に！

MIKI's POINT
レバーはボウルの中で切れば、まな板が汚れずノンストレス！

鮭のオレンジ色、アスタキサンチンで

最強の
成長たんぱく質⑤
鮭

白鮭 100g あたり たんぱく質 **22.3**g

白身魚でトップクラスのたんぱく質量を誇る！

良質なたんぱく質を含む鮭。血液サラサラ効果のあるオメガ3脂肪酸や、カルシウムの吸収を助けるビタミンDも豊富です。きれいなオレンジ色は、アスタキサンチンという強力な抗酸化物質によるもの。細胞のサビを防いで、ストレスから脳や体を守ってくれます。

鮭の南蛮サラダ

材料（2人分）

鮭（甘塩）… 2切れ
かたくり粉 … 大さじ1
サラダ油 … 小さじ2
A しょうゆ … 大さじ1
　 砂糖、酢 … 各小さじ2
パプリカ … 1/2個
レタス … 4～5枚

作り方

1 野菜を準備
パプリカは2cm角に切る。レタスは食べやすくちぎり、器に敷いておく。

2 鮭を焼く
鮭は両面にかたくり粉をまぶす。フライパンに油を熱して鮭を並べ、両面を弱めの中火で4分ずつ焼き、1のレタスにのせ、パプリカを散らす。

3 たれを作る
同じフライパンにAを入れてひと煮し、2にかける。

PART 1 鮭

記憶力向上！

MIKI's POINT
パリッと香ばしく焼いて、皮までペロリ。皮の下にはコラーゲンが豊富！

アスタキサンチンは、脳に直接届く数少ない抗酸化物質の1つです。神経細胞の再生を助け、記憶力や集中力の向上に役立つという研究も！「食べる脳サプリ」とも言えるかも♡

骨量が増えるのは成長期まで!

骨量は18〜20歳でピークに達し、その後は増えません。成長期に、骨の成長を助けるカルシウムやビタミンDをしっかりとり、適度な運動をすることが大切!

ビタミンDで骨の成長を応援

PART 1 鮭

MIKI's POINT パン粉を直接くっつければフライもお手軽！

鮭フライ ざっくりコールスローのせ

材料（2人分）
- 鮭（甘塩）… 2切れ
- パン粉 … 大さじ4
- サラダ油 … 大さじ1
- **A** キャベツ（ざく切り）… 1/8個
  - マヨネーズ … 大さじ3
  - 酢 … 大さじ1/2
  - 砂糖、おろしにんにく … 各小さじ1/2

作り方

1 鮭を揚げる
鮭は全体にパン粉をまぶしてフライパンに並べ、油を回しかけて、両面を弱めの中火で4分ずつ揚げ焼きにする。

2 コールスローを作る
ボウルに**A**をすべてまぜる。器に鮭を盛り、コールスローをのせる。

MIKI's POINT みじん切りや塩もみは不要！ざく切りキャベツがアクセントに♡

最強の成長たんぱく質⑥ 青背の魚

良質なたんぱく質に加え、オメガ3脂肪酸にも注目！

ぶりやさばなどの青背の魚には、DHAやEPAといったオメガ3脂肪酸が豊富。血液中の悪玉コレステロールを減少させるほか、脳の発達にも重要な働きをするといわれています。店頭でさばいてもらえば、調理のハードルも下がります！

ぶり100gあたり たんぱく質 **21.4g**

DHA&EPAで ぶりのステーキ オニオンソース

玉ねぎには、血液をサラサラにする働きがある香味成分アリシンや、抗酸化作用のあるビタミンCが豊富。青背の魚との相乗効果で、血流促進や免疫力向上が期待できます。

MIKI's POINT
ぶり＝和食から脱却！ごはんにもパンにも合う！

材料（2人分）
- ぶり … 2切れ
- かたくり粉（または薄力粉）… 大さじ1
- サラダ油 … 小さじ1
- 玉ねぎ（薄切り）… 1個分
- A しょうゆ … 大さじ2
-   砂糖 … 大さじ1
-   おろしにんにく … 小さじ1/2
-   顆粒コンソメ … 小さじ1/4
- バター … 10g
- 粒コーン（缶詰）… 1缶

作り方

1 焼く
ぶりは両面にかたくり粉をまぶしてフライパンに並べ、あいているスペースに玉ねぎも入れる。油を回しかけて、ぶりの両面を4分ずつ焼いて、器に盛る。

2 玉ねぎを調味
フライパンに残った玉ねぎにAを入れてひと煮し、1にかけてバターをのせる。汁けをきったコーンを添える。

PART 1 青背の魚

トマトの赤い色素・リコピンには、活性酸素を除去し、細胞のダメージを防ぐ働きがあります。さばに含まれるビタミンEやオメガ3脂肪酸とのトリオで、抗酸化作用がさらにアップ！

血液サラサラ！持久力をつける バテない

MIKI's POINT
さばとトマトの
うまみが凝縮！
進化系さばみそ

さばみそイタリアン

材料（2人分）
さば … 1/2 尾
ミニトマト … 6 個
A トマト缶 … 1/2 缶
　トマトケチャップ
　　… 大さじ 1.5
　みそ … 大さじ 1/2
　砂糖 … 大さじ 1
　おろししょうが … 小さじ 1/2
　顆粒コンソメ … 小さじ 1/4
粉チーズ … 適宜

作り方

1 さばを霜降りにする
さばは 2 等分に切ってざるに入れ、熱湯を回しかけて臭みをとる。

2 煮る
フライパンに A とさばを入れ、落とし蓋をして弱めの中火で 10 分ほど煮て、さばを器に盛る。

3 ソースを煮詰める
残ったソースを煮詰め、ミニトマトを加えてひと煮してさばにかけ、好みで粉チーズを振る。

あじのソテー
ハニーマスタードソース

オメガ３脂肪酸やビタミンD、カルシウムなどの栄養がギュッと詰まったあじ。抗酸化作用を持つはちみつと合わせ、DHAやEPAの酸化を防ぎ、栄養の吸収促進を狙います！

マスタードをきかせた ソースで、大人な雰囲気

材料（2人分）
- あじ（またはいわし）… 2尾
- 薄力粉 … 大さじ1
- サラダ油 … 大さじ1
- A 粒マスタード、はちみつ … 各大さじ1.5
-   しょうゆ … 大さじ1/2
-   顆粒コンソメ … ひとつまみ

※あじは店頭でフライ用に開いてもらうのがおすすめ！

作り方

1 焼く

あじは両面に薄力粉をまぶしてフライパンに並べ、油を回しかけて両面を4分ずつ焼き、器に盛る。

2 ソースを作る

フライパンに A を入れて煮立て、1にかける。好みでゆでた野菜(分量外)などを添える。

PART 1 青背の魚

あじでうな玉丼

あじと卵、良質なたんぱく質を豊富に含む2食材を使って、見た目のインパクトも楽しい1品に。ふわふわ卵と甘辛のかば焼きのマリアージュは、まさに至福の味わいです。

甘辛のたれをたっぷりからめて召し上がれ♡

材料（2人分）
- あじ（またはいわし）…2尾
- かたくり粉 … 大さじ1
- サラダ油 … 大さじ1
- **A** みりん、砂糖 … 各大さじ1.5
  しょうゆ … 大さじ1
- あたたかいごはん … 茶わん2杯分

作り方

1 焼く

あじは両面にかたくり粉をまぶしてフライパンに並べ、油を回しかけて両面を4分ずつ焼く。

2 たれをからめる

Aを加えて煮からめる。

3 盛る

ごはんに好みでだし巻き卵（右参照）をのせ、2をのせ、フライパンに残ったたれをかける。

だし巻き卵

卵3個に、砂糖大さじ1/2、白だし大さじ1、水大さじ3を加えてよくときほぐす。卵焼き器にサラダ油少々を熱し、卵液を1/4量ずつ流して巻き、だし巻き卵を作る。

運動後の体にはアミノ酸スコア100の

最強の

成長たんぱく質⑦

卵

卵100g あたり たんぱく質 **12.2**g

成長に必要な栄養がギュッと凝縮！

大切な栄養素をバランスよく含み、「完全栄養食」ともいわれる卵。最近、注目されているのが、卵黄に含まれるレシチンというリン脂質。レシチンに含まれるコリンは脳に届くと、情報伝達にかかわる神経物質アセチルコリンとなって、脳を活性化してくれます。

かに玉デラックス

材料（2人分）

卵 … 4個
かに風味かまぼこ … 1袋
ごま油 … 少々
A 砂糖 … 大さじ1.5
　しょうゆ、酢、
　　オイスターソース … 各大さじ1
　かたくり粉 … 大さじ1/2
　鶏ガラスープのもと … 小さじ1/2
　水 … 150ml
長ねぎ（小口切り）… 5cm

作り方

1 卵を焼く
フライパンにごま油を熱し、ときほぐした卵を流し入れ、菜箸で大きく3周ほどまぜる。半熟状になったら、フライパンから皿にスライドさせるようにして移す。

2 あんを作る
フライパンにAを入れ、かに風味かまぼこを手で裂いて加え、よくまぜる。中火で煮立て、ねぎを加え、とろみがついたら1にかける。

PART 1 卵

卵で すばやく 栄養チャージ

MIKI's POINT
かに食べ放題気分でどっさり！
ごはんにのせて天津飯にしても

かに風味かまぼこの原料は、魚のすり身。たんぱく質やDHA、EPAなどもプラスできるお手軽食材です。卵と組み合わせれば、さらにたんぱく質量もアップ！

しらす、卵、チーズ、
脳にいい食材大集合！

しらすの皮なしキッシュ

コクのある卵液にとじ込めれば、苦手な野菜もペロリ！野菜類は、ほうれんそう、マッシュルーム、しめじなどでアレンジしてもOK。

材料（2人分）
- しらす干し … 大さじ3
- ピーマン … 2個
- しいたけ … 3個
- バター … 20g
- A 卵 … 3個
  - 牛乳 … 大さじ3
  - 粉チーズ … 大さじ1
  - 顆粒コンソメ … 小さじ1/4
- ピザ用チーズ … 60g

作り方

1 切る
ピーマン、しいたけは2cm角に切る。

2 いためる
直径20cmのフライパンにバターを熱して **1** としらすをいためる。

3 卵液を流す
まぜ合わせた **A** を流し入れ、菜箸で大きくかきまぜる。半熟状に固まってきたらチーズをのせ、蓋をして2分ほど蒸し焼きにして完成。

PART 1 卵

小麦粉なし！
大きなたこ焼き

材料（2人分）

たこの足 … 2本
キャベツ … 1/8個
A 卵 … 3個
　桜えび … 大さじ1
　顆粒和風だし
　　… 大さじ1/2
サラダ油 … 少々
B マヨネーズ、
　中濃ソース、
　青のり … 各適量

作り方

1 材料を準備
たこは小さめの一口大に、キャベツはざく切りにする。ボウルにAとたこを入れてまぜる。

2 キャベツを蒸す
直径20cmのフライパンにキャベツと水50mlを入れ、蓋をして蒸す。

3 卵液を流す
2の水けをとばし、油を加えてまぜ、卵液を流し入れて両面を焼く。器に盛り、Bをかける。

卵でとろっと固める
グルテンフリーたこ焼き

低脂肪・高たんぱく質なたこ。疲労回復や免疫力向上に役立つタウリンが注目成分です。
ふわっと軽い食感で、食欲がない日にもおすすめ。食べれば元気がわいてきます。

みきママ、教えて！ こんなとき、どうする？

vol 02

好き嫌い、偏食、おやつのほうが好き…
子どもがちゃんと食べてくれない！

サラダは肉のソースをかけると食べてくれる！

ソースは多めに作りましょう。サラダにお肉をのっけて、野菜の上にもソースを！

市販のミックスサラダでも

「ハワイの〜」「あの有名店の〜」など料理のネーミングを面白くする！

会話がはずむし、子どもが興味を持って食べてくれます。

たとえば野菜いために、ピーマンもきのこもブロッコリーも…と野菜を欲張りすぎない！

味がボヤけるし、子どももテンション上がらないです。

ファミレスの人気メニューなら野菜も食べてくれる！

栄養バランスももちろんだけど、肉ばっかりだとお金もかかるから、野菜も食べさせたいです。子どもが大好きなハンバーグやミートソース、ホワイトソースの味つけに、苦手なすやピーマンも入れちゃうと、食べてくれます！

「何が食べたい？」子どものリクエストをかなえる！

「ハンバーガー！」と言ったら、野菜も食べられるレタスバーガーにしちゃおう！

58

心身を
ととのえる
野菜の
おかず

PART 2

野菜をしっかり食べれば
体調がよくなり便秘も解消！
カラフルな色は
抗酸化力が強いあかし。
細胞がサビるのを防いで
体を強くしてくれます。

ムシャムシャ食べちゃう "無限系" 副菜

MIKI's POINT
塩もみして余分な水分を抜くと、味がビシッと決まります

白菜のコールスロー（さっぱり）

材料（作りやすい分量）
- 白菜 … 200g
- 塩 … 小さじ1/4
- りんご … 1個
- A 塩 … 小さじ1/2
- 　水 … 400ml
- B オリーブ油 … 大さじ3
- 　酢 … 大さじ2
- 　塩 … 小さじ1/4
- 　こしょう … 少々

作り方

1 切る
白菜とりんごは太めのせん切りにし、りんごはAの塩水に5分ほどつけて水けをふきとる。

2 白菜を塩もみする
ボウルに白菜を入れ、塩を入れてもみ込み、10分おいて水けをしぼる。

3 ドレッシングであえる
別のボウルにBを入れ、泡立て器でよくまぜて乳化させ、白菜とりんごを加えてあえる。

ビタミンCと食物繊維をどっさりチャージ

PART 2 副菜

ブロッコリー1個が一瞬で消えます

ブロッコリーのチーマヨ焼き

材料（作りやすい分量）
ブロッコリー … 1個
ピザ用チーズ … 50g
マヨネーズ … 適量

作り方

1 ブロッコリーをレンチン
ブロッコリーは小房に分けて耐熱容器に入れ、ラップをかけて電子レンジ（600W）で4分ほど加熱し、水けをきる。

2 トースターで焼く
耐熱皿に1を並べ、マヨネーズをかけてチーズを散らす。オーブントースターで焼き色がつくまで10分ほど焼く。

ミネラル豊富なごまをたっぷりまぶして

なすのごま酢あえ

材料（作りやすい分量）
なす … 5本
A　すり白ごま … 大さじ3
　　酢 … 大さじ3
　　めんつゆ（3倍濃縮）、
　　はちみつ … 各大さじ2

作り方

1 切る
なすは縦6等分に切り、水に10分ほどひたしてアクを抜く。

2 レンジ加熱
耐熱容器に1を入れ、ラップをかけて電子レンジ（600W）で8分加熱する。

3 あえる
まぜ合わせたAを加えてあえる。

主役になれる野菜メニュー

レンチン肉野菜いため風

材料（2人分）
- 豚こま切れ肉 … 150g
- キャベツ … 1/8 個
- ピーマン … 2 個
- にんじん … 1/2 本
- A 鶏ガラスープのもと、ごま油 … 各大さじ 1/2
- 塩 … ひとつまみ

作り方

1 切る
キャベツはざく切りに、ピーマンとにんじんは細切りにする。

2 レンジ加熱
耐熱皿に **1** を入れ、豚肉を広げてのせ、まぜ合わせた **A** を回しかける。ラップをかけて電子レンジ（600W）で 8 分加熱し、全体をまぜ合わせたらでき上がり。

> **MIKI's POINT**
> レンチンすると野菜の栄養が逃げにくい！カサが減るから、たっぷり食べられます

カラフル野菜に豚肉のうまみをまとわせて

PART 2 副菜

MIKI's POINT
ベタッとさせない コツは「追い粉」。粉っぽさが残っていたほうがさっくり揚がります！

焼き天ぷら

材料（2人分）
なす … 1本
れんこん … 1/2節
かぼちゃ … 100g
ちくわ … 1本
ウインナ … 4本
A 薄力粉 … 50g
　酢 … 大さじ1
　水 … 50ml
氷 … 3個
B めんつゆ（3倍濃縮）、
　はちみつ … 各大さじ2
サラダ油 … 大さじ1

作り方

1 切る
なすは縦半分に、れんこんは1cm厚さの輪切りに、かぼちゃは1cm厚さに、ちくわは縦半分に切る。

2 天ぷら衣にくぐらせる
ボウルにAを入れてさっくりまぜ、粉っぽい状態で氷を加えてさっとまぜる。粉っぽさが残るくらいでOK。1の具をくぐらせ、上から少量の薄力粉（分量外）を振る。

3 揚げ焼きにする
フライパンに並べ、油を回しかけ、両面2〜3分ずつ揚げ焼きにする。

4 たれを作る
耐熱容器にBを入れ、ラップをせずに電子レンジ（600W）で30秒加熱してたれを作り、盛りつけた天ぷらにかける。

カリッとサクッと！ 天丼も最高です

消える！白飯泥棒おかず

みそピーなす

材料（2人分）
- なす … 2本
- ピーマン … 3個
- ごま油 … 小さじ2
- A みそ … 大さじ1.5
  - 酒 … 大さじ1/2
  - 砂糖 … 小さじ2

作り方

1 切る
なすとピーマンは乱切りにする。なすは水に10分ほどつけて水けをふく。

2 いためる
フライパンにごま油を熱し、1を入れていためる。

3 調味する
なすがしんなりしてきたら、まぜ合わせたAを加えていため合わせる。

MIKI's POINT
なすは水につけてからいためると、油を吸いすぎません

ほんのり甘いみそ味にやみつき注意報発令中！

PART 2 副菜

ごはんが爆速で

たっぷり具材で
栄養満点&パワー全開

青菜チャンプルー

材料（2人分）
豚こま切れ肉 … 200g
塩 … ひとつまみ
かたくり粉 … 大さじ1/2
小松菜 … 1/2束
にんじん … 1/2本
卵 … 1個
木綿豆腐 … 150g
サラダ油 … 少々
A めんつゆ（3倍濃縮）
　… 大さじ1
　はちみつ … 大さじ1/2
削り節 … ひとつかみ

作り方

1 切る
小松菜はざく切りにする。にんじんは短冊切りにし、耐熱容器に入れラップをかけ、電子レンジ（600W）で2分加熱する。豆腐は食べやすい大きさに切る。

2 卵をいためる
フライパンに油を熱し、ときほぐした卵を流し入れて大きくかきまぜ、半熟状になったらとり出す。

3 肉と野菜をいためる
同じフライパンに豚肉を入れ、塩とかたくり粉をまぶす。にんじんと小松菜を加えていためる。

4 調味する
野菜がしんなりしてきたら、豆腐と削り節、Aを加えてさっといため合わせる。最後に卵をもどし入れてザッとまぜたら完成。

味を決めて♡ / はさみでチョキチョキ / 蒸し煮にして…

食物繊維どっさり！
便秘解消＆美肌にも

筑前煮ファイバー！

PART 2 副菜

MIKI's POINT
サラダ仕立て、おすすめです！煮物のうまみで生野菜がモリモリ食べられます！

筑前煮

材料（作りやすい分量）
- 鶏もも肉 … 2枚
- ごぼう … 2本
- れんこん … 1節
- にんじん … 2本
- こんにゃく … 1枚
- A しょうゆ … 大さじ3
  - 酒、砂糖、みりん … 各大さじ2
  - 顆粒和風だし … 小さじ1/2

作り方
1 切る
にんじんは乱切りに、ごぼうは細切りに、れんこんは半月切りにする。こんにゃくはスプーンで一口大にちぎって洗う。

2 蒸し煮にする
フライパンに1を入れ、鶏肉の皮目を下にしてのせる。水200mlを加え、蓋をして中火で10分蒸し煮にする。

3 鶏肉を切る
キッチンばさみで鶏肉を一口大に切る。

4 調味する
Aを加えて調味し、ひと煮したら完成！

Arrange

根菜メンチカツ

材料（2人分）
- 筑前煮のにんじん、ごぼう … 100g
- 合いびき肉 … 200g
- パン粉 … 適量
- サラダ油 … 大さじ1
- 中濃ソース … 適量

作り方
1 ボウルにひき肉と煮物を入れ、キッチンばさみで煮物をこまかく切る。
2 2等分して小判形に成形する。
3 フライパンに並べ、両面にパン粉をまぶし、油を回しかけて両面を5分ずつこんがりと揚げ焼きにする。好みで中濃ソースをかけて食べる。

鶏と根菜のまぜごはん

材料（2人分）
- 筑前煮 … 適量
- あたたかいごはん … 茶わん2杯分
- 細ねぎ（小口切り） … 適量

作り方
1 煮物をキッチンばさみで食べやすい大きさに切る。
2 ごはんにまぜて器に盛り、好みで細ねぎを散らす。

ちゃの煮つけがいちばん使える！

かぼちゃの煮つけ

材料（作りやすい分量）
かぼちゃ…1/4個
めんつゆ（3倍濃縮）…大さじ2

作り方

1 切る
かぼちゃは3～4cm角に切る。

2 ゆでる
なべにかぼちゃを入れ、水をひたひたに注いで強火にかける。沸騰したら弱めの中火にして10分ほど、竹ぐしがスッと入るまでゆでる。

3 味つけする
2の湯を捨て、めんつゆをかけてやさしくまぜる。

MIKI's POINT
やわらかく煮てから味つけをすると、すぐに味が入ってホクホクです！

ほっとやすらぐ、定番の味。
材料2つでできちゃいます

PART 2 副菜

シンプルなかぼ

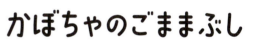

かぼちゃのポタージュ

材料（2人分）
かぼちゃの煮つけ … 200g
牛乳 … 200ml
顆粒コンソメ … 小さじ1/4

作り方
1 ミキサーにかぼちゃの煮つけ、牛乳を入れてなめらかになるまでかくはんする。
2 なべに移し、顆粒コンソメを加えて、まぜながら弱火でひと煮する。

かぼちゃのごままぶし

材料（2人分）
かぼちゃの煮つけ … 200g
いり白ごま … 適量

作り方
1 かぼちゃの煮つけをフォークやすりこ木でつぶし、直径5cmの円盤状に成形する。
2 バットや皿にごまを入れ、1の両面につける。

パンプキンドリア

材料（2人分）
かぼちゃの煮つけ … 200g
牛乳 … 100ml
顆粒コンソメ … 小さじ1/4
ピザ用チーズ … 50g
あたたかいごはん … 茶わん2杯分

作り方
1 かぼちゃの煮つけをフォークやすりこ木でつぶし、牛乳、顆粒コンソメをまぜる。
2 耐熱容器にごはんを敷き、1をかけ、チーズをのせて、オーブントースターで焼き色がつくまで10分ほど焼く。

おなかも心もあったまる
汁もの 7 days

あたたかいみそ汁やスープをひと口飲むと、胃腸があたたまって消化液の分泌が促進されます。食事の栄養をしっかり吸収するためにも、汁ものはお役立ち！みそ汁、塩ラーメン風、みそラーメン風など、味つけのバリエを覚えたら、具材は好きにアレンジしてOK です♡

day 1

切り干し大根のうまみがしみる！

切り干し大根のみそ汁

材料（2人分）
切り干し大根 … 20g
長ねぎ（小口切り）… 適量
A みそ … 大さじ2
　 顆粒和風だし … 小さじ1

作り方
1　切り干し大根はさっと洗う。
2　なべに水 600ml と **1** を入れて火にかけ、沸騰したら火を止め、**A** を加えて調味する。器に盛り、好みでねぎを散らす。

PART 2 副菜

day 2

ちくわからも いいだし、出てます

ちくわと豆腐のすまし汁

材料（2人分）
- ちくわ … 2本
- 豆腐 … 1/2丁（150g）
- 長ねぎ（小口切り）… 適量
- A 白だし … 大さじ3
  - しょうゆ、みりん … 各小さじ2

作り方
1. ちくわは斜めに切る。豆腐はさいの目に切る。
2. なべに水600mlとAを入れて火にかけ、沸騰したら1を加え、豆腐があたたまったら火を止める。器に盛り、好みでねぎを散らす。

1杯で1/2日分の野菜がとれちゃう！

day 3

ほうとう風みそ汁

材料（2人分）
- かぼちゃ … 1/8個
- にんじん … 1/2本
- 長ねぎ … 1/2本
- 油揚げ … 1枚
- A みそ … 大さじ3
  - 顆粒和風だし … 小さじ1

作り方
1. かぼちゃはラップで包み、電子レンジ（600W）で8分加熱し、3〜4cm角に切る。
2. にんじんはいちょう切りに、ねぎは小口切りに、油揚げは短冊切りにする。
3. なべに水600mlと2を入れて火にかけ、にんじんがやわらかくなったらAとかぼちゃを加えて、火を止める。器に盛り、好みでねぎ（分量外）を散らす。

day 4

みそラーメン風スープ

もやしにはビタミンCや食物繊維が豊富です

材料（2人分）
- 豚こま切れ肉 … 150g
- もやし … 1/2袋
- 長ねぎ（小口切り）… 適量
- ごま油 … 小さじ1/4
- A みそ … 大さじ1.5
-   鶏ガラスープのもと … 小さじ1
- 粒コーン（缶詰）… 大さじ2
- バター … 10g

作り方
1. なべに豚肉とごま油を入れ、3分ほどいためる。
2. もやし、水600mlを加え、沸騰したらAを加えて火を止める。
3. 器に盛り、コーン、バターを等分にのせ、好みでねぎをのせる。

day 5

塩ラーメン風スープ

レンジで一発！えのきで満腹感アップ

材料（2人分）
- 豚こま切れ肉 … 150g
- えのきだけ … 1/2袋
- 長ねぎ（小口切り）… 適量
- 鶏ガラスープのもと … 小さじ1
- 塩、こしょう … 各少々

作り方
1. 耐熱ボウルに豚肉、鶏ガラスープのもと、水400mlを入れてまぜ、石づきを落としてほぐしたえのきだけをのせる。
2. ふんわりとラップをかけ、電子レンジ（600W）で8分ほど、豚肉に火が通るまで加熱する。赤いところが残る場合は、30秒ずつ追加で加熱する。
3. 全体をまぜてから器に盛り、好みでねぎをのせ、塩、こしょうを振る。

PART 2 副菜

day 6

ふかひれ風スープ

しらたきって ふかひれっぽいよね（笑）

材料（2人分）
- しらたき … 1/2袋
- とき卵 … 1個分
- きくらげ（乾燥）… 2g
- A しょうゆ … 大さじ2
  - 酒、鶏ガラスープのもと、ごま油 … 各小さじ2
  - 塩 … 少々

作り方
1. しらたきは洗って、食べやすい長さに切る。きくらげは水につけ、もどしておく。
2. なべに水600mlとAを入れて煮立て、1を入れてひと煮し、卵を流し入れて大きくかきまぜ、火を止める。

day 7

ちゃんぽん風スープ

ミルキーな白湯スープに野菜がどっさり♡

材料（2人分）
- 豚こま切れ肉 … 100g
- かたくり粉 … 大さじ1/2
- キャベツ … 1/8個
- ピーマン … 1個
- にんじん … 1/2本
- 玉ねぎ … 1/2個
- ごま油 … 大さじ1/2
- A 牛乳、水 … 各300ml
  - しょうゆ … 大さじ1
  - 酒、鶏ガラスープのもと … 各大さじ1/2
  - 塩 … 少々

作り方
1. キャベツはざく切りに、ピーマンは縦8等分に切る。にんじんは短冊切りに、玉ねぎは薄切りにする。
2. フライパンに豚肉を入れてかたくり粉をまぶし、ごま油を回しかけていためる。肉の色が変わったら、1を加えてさっといためる。
3. Aを加えて煮立ったらでき上がり！

みきママ、教えて！ こんなとき、どうする？

vol 03
料理のやる気が出ない。自分ばっかり大変で疲れる！

母親がぜんぶやらなきゃと背負って、イライラすると、逆に子どもが帰りたくない家になっちゃう。**「大変なんだよ、わかって！」と気持ちを伝えて、家族に協力してもらってよいのでは？** 食器洗いをまかせるとか、話し合ってみて！

＜親が弱音吐いたっていいと思う！＞

私はどうせなら楽しむ、自分の腕を鍛える！ と割り切ってます（笑）。失敗して、残されることもある！　でも失敗したら「次はこうしてみよう！」と工夫するとレベルアップできます。**おいしくできたら、マイレシピノートに書いて得意料理をふやしていく**と、作るのが楽しくなると思う！

やる気がある日は、勢いで3日分作る。 たとえば肉だねを3倍量作って冷凍しておく。いろんなメニューに展開できて、超助かる！

ハンバーグにも！

ギョーザにも！

シューマイにも！

本当にやる気が出ないときは、サボっていい。 週7日のうち、4日はがんばるけど、3日はラクする。それで続くなら、よくないですか？　ラクする日は、刺し身とか、キムチ納豆とか、ラーメンでもいい。外食したっていいし、カラオケで思いっきり歌えばいい！　ストレス発散したら、またがんばれます。

PART 3

困った！ときの
栄養お助け献立

子どもの成長とともに、
わき起こる悩みや不安。
いろいろありますよね。
食べ物の栄養素を
味方につけませんか？
食事でもサポートできます！

中だったら…の献立
エネルギー充電！

疲労回復して筋力UP！
豚こま甘辛いため on 梅キャベツ

栄養Advice

激しい運動をした日は、豚肉とたらこをチョイス。糖質のエネルギー代謝に欠かせないビタミンB₁が断トツに多く、筋肉をつくるたんぱく質も補えます。梅干しのクエン酸は疲労物質をエネルギーに変えてくれるんです！

材料（2人分）

豚こま切れ肉 … 200g　〈たんぱく質・ビタミンB₁〉
かたくり粉 … 小さじ1
サラダ油 … 小さじ1
A　砂糖、酒、しょうゆ … 各大さじ1
キャベツ … 1/4個
梅干し … 2〜3個　〈クエン酸〉

作り方

1　キャベツは一口大にちぎる。梅干しは種をとってちぎり、キャベツに加えてあえる。
2　豚肉はフライパンに入れ、かたくり粉をまぶす。油を回しかけ、肉に火が通るまでいためる。
3　Aで調味し、1にのせる。

PART 3 シチュエーション別献立

スポーツに夢で

ビタミンB₁ × クエン酸 で

3分でわかめスープ
代謝を高めるたっぷりB群♥

材料（2人分） [ビタミンB₁・B₂]
- カットわかめ（乾燥）… 3g
- A 水 … 600ml
  - ダシダ（牛肉だしのもと）… 小さじ2
  - 塩 … 小さじ1/4
- ごま油 … 小さじ1/4
- いり白ごま … ふたつまみ

作り方
なべにAを入れて沸かし、わかめ、ごま油を加える。わかめがもどったら、ごまを振る。

たらこごはん
たらこでエネルギー変換を糖質を★

材料（2人分）
- あたたかいごはん … 300〜400g
- たらこ … 1腹 [たんぱく質 ビタミンB₁]

作り方
茶わんにごはんを盛り、たらこをのせる。

なる日は…の献立
ずで時間差フォロー

塾後

鶏ささ身のミルクシチュー
ホッと癒やされて消化もいい♥

材料（2人分）

たんぱく質
- 鶏ささ身 … 4本(200g)
- 塩、こしょう … 各少々
- かたくり粉 … 大さじ1/2
- 玉ねぎ … 1/2個
- にんじん … 1/2本
- ブロッコリー … 1/4個
- バター … 30g
- 薄力粉 … 大さじ4

たんぱく質
- A 牛乳 … 600ml
- 水 … 200ml
- B 顆粒コンソメ、粉チーズ … 各大さじ1
- 塩 … 小さじ1/4
- こしょう … 少々
- 砂糖 … 小さじ1/4

作り方
1 玉ねぎは薄切り、にんじんはいちょう切りにする。ブロッコリーは小房に分け、耐熱容器に入れて水少々を振り、ラップをかけて電子レンジ(600W)で1分30秒加熱する。
2 ささ身は一口大に切り、塩、こしょうを振り、かたくり粉をまぶす。
3 なべにバターをとかし、玉ねぎ、にんじんを入れていため、蓋をしてやわらかくなるまで蒸し煮にする。薄力粉を加え、粉っぽさがなくなるまでいためる。
4 Aをまぜながら少しずつ加え、煮立ってきたら2、B、ブロッコリーを加え、ささ身に火が通るまで煮る。

PART 3 シチュエーション別献立

塾で夜遅く

塾前に米、塾後はおか

塾前

脳にブドウ糖を届ける！
わかめしらすおにぎり

材料（2人分）
あたたかいごはん
　…300〜400g —糖質
しらす干し … 50g
カットわかめ（乾燥）… 6g

作り方
1　わかめは水でもどし、大きければ刻む。フライパンにわかめ、しらす干しを入れて火にかけ、水分をとばす。
2　ごはんに1を加えてまぜ、4等分して三角ににぎる。
★海藻やきのこはおなかの中でふくらみ、腹持ちがよいのでおにぎりの具におすすめ！

栄養Advice
ごはんの糖質はブドウ糖に分解されて、脳のエネルギー源になります。塾へ行く前に、おにぎりをパクッと食べさせて！ 帰宅後は、消化のよいたんぱく質のおかずを。乳製品はほかの食品の消化吸収を促すのでおすすめ。

時間がないときは…
おにぎりやサンドイッチを用意する時間がないときは、エネルギー源になる栄養補給ゼリーや栄養補助バーでもよいので、何かしら食べさせて空腹を満たしましょう。

スト前日！…の献立

卵のレシチン＆さばのDHAで脳を活性化

栄養Advice

DHAとレシチンは脳の情報伝達を助け、記憶力を高める働きがあり、賢い頭を育てるために必須の成分！　前日に限らず大事です。どちらも脂質で酸化しやすいため、抗酸化ビタミンACEが豊富な焼き肉ちょいのせサラダといっしょに食べましょう。

脳に最強コンビ！さばの照り焼き with 卵タルタル

材料（2人分）

- さば … 2切れ ← DHA
- かたくり粉 … 大さじ1
- サラダ油 … 大さじ1/2
- A しょうゆ … 大さじ1
- 　砂糖 … 大さじ2
- 卵 … 2個 ← レシチン
- 牛乳 … 小さじ2
- マヨネーズ … 大さじ6
- 砂糖 … 少々

作り方

1. さばはかたくり粉をまぶしてフライパンに入れ、油を回しかけて両面を焼き、火を通す。Aを加えてからめ、器に盛る。
2. 耐熱ボウルに卵を割り入れ、牛乳を加えてよくまぜ、ラップをかけずに電子レンジ（600W）で1分30秒〜2分加熱する。スプーンでこまかくほぐし、マヨネーズ、砂糖を加えてまぜ、1に添える。

PART 3 シチュエーション別献立

いよいよテ

ごはん

焼き肉ちょいのせサラダ

お肉で野菜もすすむ！

材料（2人分）
- レタス … 1/4個
- パプリカ … 1/4個 〈抗酸化ビタミン〉
- 青じそ … 5枚 〈抗酸化ビタミン〉
- 豚こま切れ肉 … 100g
- サラダ油 … 小さじ1/2
- 焼き肉のたれ … 大さじ1

作り方
1. レタスはちぎる。パプリカは薄切り、青じそはせん切りにする。
2. フライパンに油を熱し、豚肉をいため、焼き肉のたれで調味する。
3. 器にレタス、パプリカを盛り、2をのせ、青じそを散らす。

胃腸にやさしい かき玉豆腐うどん

消化のよい
食事で回復!
フルーツ添えてね♡

材料(2人分) 炭水化物
- 冷凍うどん … 2玉(380g)
- 絹ごし豆腐 … 1丁(300g)
- 卵 … 2個 たんぱく質
- 細ねぎ(小口切り) … 適量
- **A** めんつゆ(3倍濃縮)
  … 大さじ5
  水 … 600ml

作り方
1 豆腐は食べやすく切る。卵は割りほぐす。
2 なべにAを入れて煮立て、うどんを袋の表示どおりに煮る。豆腐を加え、とき卵を回し入れて火を通す。器に盛り、細ねぎをのせる。

PART 3 シチュエーション別献立

感染症にかかったときは…の献立

キウイヨーグルト

ビタミンC 補給!!

材料（2人分）
プレーンヨーグルト…200g 〔たんぱく質〕
キウイフルーツ…2個 〔ビタミンC〕

作り方
キウイは食べやすく切る。器にヨーグルトとキウイを盛り合わせる。
★キウイフルーツ、柿、オレンジなどがビタミンC豊富！

食欲がないときは…
まだ食欲が出ないときは、水分のみがベスト。消化に使うエネルギーを極力減らし、体力回復に専念するのが第一です。食事は無理しないでだいじょうぶ。

栄養Advice
病み上がりの回復期は、肉や繊維の多い野菜は控えて。おかゆやうどんでエネルギーを補給し、卵、豆腐など低脂質のたんぱく質で体力をつけましょう。フルーツのビタミンCは、白血球の働きを強化してウイルスと戦ってくれます。

が始まった！…の献立
ホルモンバランス対策

材料（2人分）
- あさり（殻つき・砂出しずみ）… 300g
- 豚こま切れ肉 … 200g 【鉄】
- 塩、こしょう … 各少々
- かたくり粉 … 小さじ1
- キャベツ … 1/4個
- ミニトマト … 8個 【ビタミンC】
- にんにく … 1かけ 【ビタミンB6】
- サラダ油 … 小さじ1
- 酒 … 50ml

作り方
1. キャベツはざく切りにする。にんにくは薄切りにする。
2. 豚肉はフライパンに入れ、塩、こしょう、かたくり粉をまぶす。油を回しかけ、肉の脇ににんにくを入れ、肉とにんにくをこんがりと焼いてとり出す。
3. 2のフライパンにあさり、キャベツを入れ、酒を回しかけて蓋をして蒸す。あさりの口があいたら、豚肉とにんにくをもどし入れ、ミニトマトを飾る。

あさりの具マシマシ酒蒸し
汁まで鉄たっぷり

PART 3 シチュエーション別献立

女子の生理
鉄 で貧血予防と

栄養Advice

血液をつくる鉄は、あさりや赤身の肉・魚に多く含まれ、ビタミンCとセットでとると吸収率アップ！ ホルモン代謝にかかわるビタミン B_6 はまぐろ、鶏肉、にんにくなどに多く含まれ、月経前症候群を改善するといわれます。

ごはん

これもおすすめ！

まぐろの血合いステーキ

まぐろの血合いは鉄とビタミン B_6 が豊富。スーパーや魚屋さんで安く手に入れたら、こんがり焼いて**ステーキソース**で召し上がれ！

●みきママのスーパーステーキソース

材料（作りやすい分量）
しょうゆ … 大さじ4
砂糖 … 大さじ3
オリーブ油 … 大さじ1
おろしにんにく
　… 小さじ1/2
顆粒こんぶだし
　… 小さじ1/4
こしょう … 少々

作り方
まぐろの血合いを焼いたフライパンに、材料をすべて入れてひと煮するだけ！好みでステーキにかけてどうぞ♪

んでいる子の献立

栄養 Advice

骨を強くするのはカルシウムですが、吸収を助けるビタミンDとセットでとることが重要です！鮭やしらす干し、牛乳などの乳製品は、骨や筋肉の材料になるたんぱく質も豊富なので、成長期にはぜひ食べさせてください。

レッツ骨育！ 鮭のきのこレモンクリームソース

材料（2人分）

- 鮭（甘塩）… 2切れ　**ビタミンD**
- 薄力粉 … 大さじ1
- まいたけ … 1パック　**ビタミンD**
- サラダ油 … 小さじ1
- A 牛乳 … 300ml　**カルシウム**
  - バター … 10g
  - 薄力粉 … 大さじ1.5
  - 顆粒コンソメ … 小さじ1/2
  - 砂糖 … 小さじ1
  - レモンのしぼり汁 … 大さじ1
- レモン（薄切り）… 6枚

作り方

1. 鮭は薄力粉をまぶす。まいたけはほぐす。
2. フライパンに油を熱して鮭を入れ、両面をこんがりと焼いて火を通し、脇でまいたけを焼き、器に盛る。
3. あいたフライパンにAのバターをとかし、薄力粉を加えて粉っぽさがなくなるまでいため、牛乳を少しずつ加えてまぜる。顆粒コンソメ、砂糖で調味し、レモンのしぼり汁を加え、2にかける。レモンをのせ、好みで黒こしょうを振る。

PART3 お悩み別献立

背が伸び悩

毎日コツコツ カルシウムふりかけ

ごはん

材料（作りやすい分量） [カルシウム]
- しらす干し … 50g
- 桜えび … 14g
- 小松菜 … 1/2束（100g）
- A しょうゆ … 大さじ1
- 　砂糖 … 大さじ1/2
- いり白ごま … 大さじ2

作り方
1. 小松菜は熱湯でゆでて水けをしっかりしぼり、こまかく刻む。
2. フライパンにしらす干し、桜えび、1を入れてからいりし、水分をとばす。Aを加え、さらに汁けをとばすようにいためる。仕上げにごまをまぜる。

鮭の [ビタミンD] ＋
小魚と牛乳の [カルシウム]

ている子の献立
させる！

うまい！飲み干せる！
白だしのしじみ汁

材料（2人分）
- しじみ（殻つき・砂出しずみ）… 200 g
- ほうれんそう … 1/4束
- A 白だし … 大さじ3.5
- 　しょうゆ … 小さじ2

作り方
1. ほうれんそうは熱湯でゆでて水けをしっかりしぼり、3cm長さに切る。
2. なべに水600ml、しじみを入れて沸かし、アクをとる。Aを加えてひと煮立ちさせ、器に盛り、1をのせる。

★ほうれんそうは冷凍でもラク！ 冷凍の場合はなべに入れてあたためて。

栄養Advice
小食でも炭水化物・脂質・たんぱく質をしっかりとれる献立に。高たんぱくの鶏肉や卵はおすすめ食材です。高カロリーの揚げ物もOK！ うまみが強いと食が進むので、だしのきいた汁物やクリーム系の洋食もとり入れてみて。

量を食べられない子は…
1日3食のほかに、おやつでも栄養補給を！ 小食っ子はココアプロテイン（p.103）やバナナチーズケーキ（p.106）など、カロリー高めのおやつもおすすめ。

PART 3 お悩み別献立

食が細くてやせ
好物の肉と"うまみ"で完食

Wから揚げおにぎり
塩とチリの2つの味で飽きない

材料（2人分）

たんぱく質

鶏もも肉 … 1枚
塩 … 小さじ1/4
かたくり粉 … 大さじ3
サラダ油 … 大さじ3
A 顆粒コンソメ … 小さじ1/2
B トマトケチャップ、コチュジャン … 各大さじ1
鶏ガラスープのもと … 小さじ1/4
あたたかいごはん … 300～400g
焼きのり … 適量

作り方

1 鶏肉は一口大に切り、塩を振り、かたくり粉をまぶす。
2 フライパンに1を並べ、油を回しかける。強火にかけ、あたたまったら弱めの中火で両面をカリッと焼いて火を通す。
3 ボウルにAを入れ、別のボウルにBを入れ、2の鶏肉を半量ずつ入れてまぶす。
4 ごはんを4等分し、から揚げをのせて三角ににぎり、のりを巻く。

お菓子好きで太り気味な子の献立

脂質・糖質を減らし、かみごたえアップ！

PART 3 お悩み別献立

甘い物を食べすぎる子は…

糖分をとりすぎると、糖質の代謝でビタミンB₁を使い果たしてしまい、だるさやイライラの原因に。ジュースやお菓子の量は、親が管理してあげてください。

マヨなしシーザー風！コーンサラダ

材料（2人分）

かみごたえ
- 粒コーン（缶詰）… 小1缶
- レタス … 1/4個
- A プレーンヨーグルト … 大さじ4
- 粉チーズ … 大さじ1
- 顆粒コンソメ … 小さじ1/4
- おろしにんにく … 小さじ1/4

作り方

1. コーンは汁けをきる。レタスはちぎる。
2. 器に1を盛り、Aをまぜ合わせたドレッシングをかける。

栄養Advice

根菜・野菜でかさ増ししてかみごたえを出す作戦に！ 市販のルーやマヨネーズを使わないレシピにして、肉は脂肪の少ない部位を選びましょう。食事で満足感が得られ、脂質・糖質の多いお菓子を控えられるとGood！

カレー粉で脂質オフ カミカミ 根菜カレー

材料（作りやすい分量）

- 豚ひき肉 … 250g

かみごたえ
- ごぼう … 1本
- にんじん … 1/2本
- れんこん … 1節

- バター … 20g
- 薄力粉 … 大さじ3
- 牛乳 … 600ml
- A カレー粉 … 大さじ1.5
- トマト缶 … 1缶（400g）
- しょうゆ … 大さじ1/2
- おろしにんにく、おろししょうが … 各大さじ1/2
- 顆粒コンソメ … 大さじ1
- 砂糖 … 大さじ1.5
- 塩 … 少々
- あたたかいごはん … 適量

作り方

1. ごぼう、にんじんは小さめの乱切り、れんこんは半月切りにする。ごぼう、れんこんは水にさらしてアクを抜く。
2. フライパンでひき肉をいため、肉の色が変わったら、ごぼうを加えていため、水をひたひたに（約200ml）入れて20分ほど煮る。残り10分でれんこんとにんじんを加える。
3. 2の水分をとばし、バターを加えていため、薄力粉を振り入れて粉っぽさがなくなるまでいためる。
4. 牛乳を少しずつ加えてまぜ、Aで調味し、さっと煮る。器にごはんを盛り、カレーをかける。

栄養Advice

ビタミン B_2 は「成長のビタミン」といわれ、不足すると糖質・脂質・たんぱく質の代謝バランスがくずれて、肌荒れや口内炎の原因になります。卵やレバー、ブロッコリーなどにも多く含まれるので、バランスのよい食事を心がけることが大事。

PART 3 お悩み別献立

肌荒れが気になる子の献立

成長のビタミンで
肌の新陳代謝を促す

肌細胞が再生する！
豚肉と魚肉ソーセージの蒸ししゃぶ

材料（2人分）

- 豚こま切れ肉 … 200g
- 魚肉ソーセージ … 2本 **ビタミンB₂**
- アスパラガス … 4本
- さつまいも … 1/2本
- しいたけ … 6個

作り方

1. 魚肉ソーセージは斜め半分に切る。アスパラガスは根元を切り落とし、かたい部分の皮をむく。さつまいもは1cm厚さに切り、水にさらす。しいたけは石づきを切り落とす。
2. せいろ2段にクッキングシートを敷き、1と豚肉を分けて入れる。なべに水200mlを入れて沸かし、せいろを重ねてのせ、蓋をして10〜15分蒸す。
3. 2種類のたれは材料をそれぞれまぜ合わせ、2に添える。

まぜるだけ！納豆キムチだれ

納豆 … 2パック **ビタミンB₂**

白菜キムチ … 100g

まぜるだけ！ごまだれ

- ごまドレッシング … 大さじ2
- めんつゆ（3倍濃縮） … 大さじ6
- アーモンド（砕く） … 適量

ビタミンB₂

ごはん

子の献立

安眠をサポートする 鶏むね肉と豆腐のみそ照り焼き

材料（2人分）
- 鶏むね肉 … 1枚 [トリプトファン]
- 木綿豆腐 … 1丁（300g）
- かたくり粉 … 大さじ2
- ピーマン … 3個
- サラダ油 … 大さじ1/2
- A だし入りみそ [トリプトファン]
  - … 大さじ3.5
  - 酒 … 大さじ1.5
  - 砂糖 … 大さじ2.5

作り方
1. ピーマン、鶏肉は一口大に切る。豆腐は厚みを半分に切って、鶏肉と同じくらいの大きさに切る。鶏肉、豆腐にかたくり粉をまぶす。
2. フライパンに油を熱し、鶏肉と豆腐を並べ、両面を焼く。火が通ってきたら、ピーマンも加えてこんがりと焼く。
3. Aをまぜ合わせて加え、煮からめる。

朝、起きられない

PART 3 お悩み別献立

夜の睡眠を促す トリプトファン を盛る!

ごはん

栄養Advice

トリプトファンから目覚めのホルモン・セロトニンがつくられ、夜には睡眠を促すメラトニンに変わります。トリプトファンは鶏肉や大豆製品、乳製品に豊富! また、ストレスを感じる夜は抗ストレスホルモンをつくるビタミンCも食卓へ。

ストレスもスッキリ☆ オレンジサラダ

材料（2人分）
- オレンジ … 2個 【ビタミンC】
- レタス … 1/4個
- ミックスナッツ … 適量 【トリプトファン】

作り方
1. オレンジは皮をむき、食べやすく切る。レタスはちぎる。ナッツはあらく砕く。
2. 器にレタス、オレンジを盛り、ナッツを散らす。

95

みきママ、教えて！ こんなとき、どうする？

vol 04

部活や塾で帰宅が遅い。不規則だし、食事も別々になる！

お弁当には、愛情と栄養をぎっしり詰める！
中高生は朝晩が不規則になりがちだから、お弁当はしっかり食べさせるチャンスです。家では苦手で残すものも、それしかなければ食べてきてくれます。

私が心がけているのは、いっしょに食べなくても、いっしょに食卓にいて話を聞くこと。
それだけで気持ちが落ち着くし、ゆっくりバランスよく食べて消化もよくなると思うんです！

そうなの？がんばったね、すごいね！

遅くなるなら、いっしょにいる友だちも家に呼んじゃうのは？
友だちと話しながらだとたくさん食べるし、ヘビロテ料理も友だちは「初めて食べた」と言ったりするからおもしろい！

帰宅時間もまちまちだし、帰ったらすぐ食べたい！と言うし…子どもってわがまま。だから、チン！してすぐ出せるおかずを冷凍しておく。
カレーやハンバーグなど、普段から多めに作って、レスキューおかずとして冷凍しておくのがおすすめ。

いつも子ども優先で自分がつらくなっていませんか？大人がこっそりぜいたくするのも大事です！
うなぎ食べて、ステーキ食べて。親が元気でないとごはんは作れないから、免疫力つけていきましょう！

息抜きも
栄養タイム♥
軽食&
おやつ

心の栄養にもなるおやつ。
ほっとする時間だから
楽しく、おいしく♡
そして、
不足しがちな栄養素も
補っていきましょう！

えびマヨ&ペパロニ こねない激うまピザ

箸でぐるぐる

冷蔵室で1日

発酵後

のばす

トッピング

朝にもブランチにも!!

材料（大1枚分）

●生地
- A 強力粉 … 160g
  - 薄力粉 … 40g
  - 塩 … 3g
  - ドライイースト … 1g
  - 水 … 160ml
- オリーブ油 … 大さじ2

●トッピング
- むきえび … 12〜15尾
- かたくり粉 … 大さじ1
- サラダ油 … 大さじ1
- B マヨネーズ、トマトケチャップ … 各大さじ2
  - 砂糖、おろしにんにく … 各小さじ1
- ペパロニ … 12〜15枚
- トマトケチャップ … 適量
- ピザ用チーズ … 200g

作り方

1 生地を作り発酵させる
ボウルにAの材料をすべて入れ、菜箸でぐるぐるまぜる。ひとかたまりになったら、ラップをかけ、冷蔵室で1日（24時間）発酵させる。

2 えびを焼く
えびはかたくり粉をまぶす。フライパンに油を熱し、えびの両面を焼き、Bで調味する。

3 生地にトッピングする
オーブンを230度に予熱する。天板にアルミホイル（またはクッキングシート）を敷いてオリーブ油を塗り、生地をのせて22×30cmくらいの長方形にのばす。生地の半分に**2**をのせ、チーズの半量を散らす。もう半分はケチャップを塗って残りのチーズを散らし、ペパロニをのせる。

4 オーブンで焼く
230度のオーブン（下段）で15〜20分焼く。

MIKI's POINT
まる1日冷蔵室で発酵させると生地がもちもち!! 断然おいしいです

PART 4 ピザ

えびマヨ & ペパロニ

人気ピザ店の味！
ハーフ＆ハーフで楽しめます♪

好みでチーズやウインナを
包んだり、のっけても♪

MIKI's POINT
砂糖抜き！
どんな具も合う
ヘルシーパン

ピザと同じ生地で！
朝のプチパン

\\ 冷蔵室で 1日 //

材料（4個分）
●生地
A 強力粉 … 160 g
　薄力粉 … 40 g
　塩 … 3 g
　ドライイースト
　　… 1 g
　水 … 160ml
オリーブ油 … 大さじ2

作り方

1 生地を作り発酵させる

p.98の作り方**1**と同様に生地を作り、発酵させる。

2 オーブンで焼く

オーブンを180度に予熱する。天板にアルミホイル（またはクッキングシート）を敷いてオリーブ油を塗り、生地を包丁で4等分に切り、強力粉をつけた手で丸めてのせる。180度のオーブン（下段）で15分焼く。

PART 4 パン

MIKI's POINT
生のひき肉が焼けばくっつく！簡単すぎて感動です！

手間も時間もかけられないときは、これが救世主！

食パントルティーヤ

材料（2枚分）

食パン（6枚切り）… 2枚
豚ひき肉 … 160g
塩、こしょう … 各少々
トマト … 1個
レタス … 2～3枚
A トマトケチャップ … 大さじ2
　中濃ソース … 大さじ1/2
　はちみつ … 大さじ1/2
　顆粒コンソメ … ひとつまみ

作り方

1 食パンを焼く

ひき肉に塩、こしょうをまぜ、2等分し、食パンに薄く広げてのせる。フライパンを熱し、食パンの肉側を下にして入れ、ふたをして弱めの中火で4分ほど蒸し焼きにする。肉が焼けたら返し、弱火にして裏面もカリッと焼く。

2 トッピングする

トマトは角切りにし、レタスは1～2cm幅に切る。Aはまぜ合わせる。器に**1**を盛り、レタス、トマトをのせ、**A**をかける。

美腸美肌ドリンク

コンビニで人気のブルーベリースムージー

MIKI's POINT
冷凍フルーツを使うから氷なしで冷たい！水っぽくならない

材料（2人分）

冷凍ブルーベリー … 150ｇ
プレーンヨーグルト … 150ｇ
牛乳 … 100ml
はちみつ … 大さじ1

作り方

ミキサーにかけるだけ！
ミキサーにすべての材料を入れ、なめらかになるまで回す。★冷凍ストロベリーや冷凍マンゴーでも同様に作れます！

ヨーグルトに含まれるビフィズス菌や乳酸菌は、腸内の酸に弱い悪玉菌を減らし、善玉菌を増やしてくれます。

PART 4 ドリンク

乳たんぱく＆大豆たんぱく
ココアプロテイン

MIKI's POINT
人気のココア味。
おやつ感覚で
たんぱく質補給！

材料（2人分）

ココアパウダー（無糖）
　… 大さじ1
きな粉 … 大さじ2
バナナ … 1本
牛乳 … 200ml

作り方

ミキサーにかけるだけ！

バナナは皮をむき、一口大にちぎってミキサーに入れる。残りの材料を加え、なめらかになるまで回す。
★ココアは抹茶にかえてもOK！

ココアの原料・カカオは、腸内の善玉菌のエサになるから、お通じもよくなるんです！

MIKI's POINT
隠し味の
ケチャップが
おいしさを
底上げ！

トマトジュース

Fresh!!

材料（2人分）

トマト … 2個（300ｇ）
水 … 50ml
トマトケチャップ … 大さじ2
はちみつ … 好みで適量
顆粒コンソメ … 小さじ1/4

作り方

ミキサーにかけるだけ！

トマトはへたを除いてざく切りにし、ミキサーに入れる。残りの材料を加え、なめらかになるまで回す。

トマトのリコピン（赤い色素成分）は強い抗酸化作用で、お肌を傷つける活性酸素を除去してくれます。お肌の味方！

りんごの鉄カルグルト

カルシウムon！
鉄on！

カルシウム&鉄補給!!

材料（1人分）
りんご … 1/2個
プレーンヨーグルト … 100g
スキムミルク … 大さじ1
きな粉 … 大さじ1

作り方

りんごを切って器に盛る

りんごはよく洗い、皮ごと一口大に切る。器にヨーグルト、りんごを盛り、スキムミルクときな粉をかける。

スキムミルクは骨をつくるカルシウムとたんぱく質、きな粉はさらに鉄もとれるから、ヨーグルトにON。おいしさも倍増します！

MIKI's POINT
サッとひと振りで栄養価UP

PART 4 おやつ

MIKI's POINT
やわらかく煮て
頭から尾まで
丸かじり！

Dancing!

フィッシュ&アーモンド

材料（作りやすい分量）

煮干し … 1袋（50g）
アーモンド（素焼き）
　… ひとつかみ
A｜はちみつ … 大さじ3
　｜しょうゆ … 大さじ1

作り方

1　煮干しをゆでる

フライパンに煮干しとひたひたの水を入れ、水分をとばしながらゆでる。

2　調味する

水けがほぼなくなってやわらかくなったら（多ければ湯をきって）、Aとアーモンドを加えてさっとからめる。

煮干しはゆでると塩分カットになります。頭と内臓もいっしょに食べることで、カルシウムと鉄をしっかりゲット！

かわいい♥癒やし系

Petit♥

プチフルーツタルト

材料（作りやすい分量）

<カスタード>
- 薄力粉 … 15 g
- 砂糖 … 30 g
- 牛乳 … 200ml
- 卵黄 … 1 個
- バター … 5 g
- バニラエッセンス … 5 滴

バタークッキー（市販）、好みのフルーツ … 各適量

MIKI's POINT
カスタードはレンチンで1分×5回！そのつどまぜて！

作り方

1 カスタードクリームを作る
耐熱ボウルに薄力粉と砂糖を入れ、泡立て器でダマがなくなるまでまぜ、牛乳を少しずつ加えてなめらかにまぜる。卵黄を加えてまぜ、ラップをかけずに電子レンジ（600W）で1分加熱し、よくまぜる。「加熱してまぜる」をさらに4回くり返し（合計5分加熱）、とろみがついたら、バターとバニラエッセンスを加えてまぜる。

2 クリームを冷やす
ラップをかけてクリームにぴったり密着させ、上に保冷剤をのせる。あら熱がとれたら、冷蔵室で30分冷やす。

3 トッピングする
クッキーに2をのせ、フルーツをのせる。好みでチョコレートソースをかけても。

Banana

MIKI's POINT
お店のケーキと変わらぬ満足感。コスパ最高!!

バナナチーズケーキ

材料（3個分）
- バナナ（輪切り） … 3 枚
- クリームチーズ（ポーションタイプ） … 3 個
- バタークッキー（市販） … 3 枚
- はちみつ … 適量

作り方

のっけるだけ！
クッキーにクリームチーズ、バナナをのせ、はちみつをかける。

PART 4 おやつ

カステラドームケーキ

MIKI's POINT
カステラの茶色い部分も使って！甘さ控えめの生クリームと絶妙のハーモニー♡

- つぶす
- 6枚敷く
- 4枚のせる
- 上下を返す

Special cake

材料（直径15cm 1台分）

- カステラ … 1本（10切れ）
- 生クリーム … 300ml
- 砂糖 … 大さじ1.5
- 好みのフルーツ（バナナ、キウイフルーツ、ブルーベリーなど）… 適量

作り方

1 ボウルにカステラを敷く
直径15cmのボウルに、長めに切ったラップ2枚を十字に交差するように敷く。カステラはすべて手で平らにつぶす。右上図のように底と側面にカステラ5切れを敷き、すき間に1切れを4等分にちぎって敷く。

2 クリームとフルーツを詰める
生クリームは砂糖を加え、やわらかい角が立つくらいに泡立てる。フルーツは薄切りにする。1にクリーム、フルーツ、クリームの順で詰め、上にカステラ4枚をのせてラップをかぶせる。冷蔵室で30分冷やす。残りのクリームも冷やしておく。

3 トッピングする
上のラップを開いて皿をのせ、上下を返し、ボウルとラップをはがす。表面にクリームを塗り、フルーツを飾る。

オートミールとナッツの手作りグラノーラ

女子向けヘルシー系

材料（天板1枚分）

ミックスナッツ（素焼き）… 100g
オートミール（クラッシュタイプ）… 100g
はちみつ … 大さじ3
油（米油など）… 大さじ2

作り方

1 材料を合わせる

厚手のポリ袋にミックスナッツを入れ、めん棒でたたいて砕く。ボウルに移し、オートミール、はちみつ、油を加え、まとまるまでしっかりまぜる。

2 オーブンで焼く

オーブンを180度に予熱する。天板にアルミホイルを敷いて油（分量外）を塗り（またはクッキングシートを敷き）、1をのせ、水をつけた手で薄く均一に広げる。180度のオーブン（下段）で15分焼く。あら熱がとれたら、冷凍庫で10分ほど冷やす。

オートミールは鉄やビタミンB₁、食物繊維などが豊富。貧血や便秘の解消におすすめ！

MIKI's POINT
材料たったの4つ！
油を入れることでサックサクに!!

Saku Saku

米粉のにんじんケーキ

PART 4 おやつ

MIKI's POINT
β-カロテンは皮の下に多いので皮ごと使います！

材料（8×18×高さ5cmのパウンド型1台分）

- にんじん … 1本（180g）
- 卵 … 2個
- 砂糖 … 80g
- 油（米油など）… 50g
- A 米粉 … 200g
- ベーキングパウダー … 8g

作り方

1 下準備をする

にんじんは皮ごとすりおろす。

2 生地を作る

オーブンを180度に予熱する。ボウルに卵を割り入れ、砂糖を加え、泡立て器で白っぽくなるまでよくすりまぜる。油を少しずつ加えながらまぜ、Aとにんじんを汁ごと加え、ゴムべらでさっくりとまぜる。

3 オーブンで焼く

2を型に流し入れ、竹ぐしで生地を3周してならす。180度のオーブン（下段）で1時間焼く。中心に竹ぐしを刺して、生地がつかなかったら焼き上がり（生地がついたら追加で5分焼く）。あら熱をとって切り分ける。

にんじんは強い抗酸化作用のあるβ-カロテンの宝庫。ケーキにすると食べやすい！

ひんやりスイーツ

cookies and soy milk

やさしい甘さ 豆乳クッキーアイス

材料（4本分）

バタークッキー
　（市販・1袋2枚入り）… 4袋
無調整豆乳 … 適量

作り方

1 クッキーを砕く
クッキーは袋の上部を切り落とし、手でもんでこまかく砕く。

2 豆乳を入れて冷凍する
袋に木製スティックをさし、豆乳を七分目まで注ぎ、容器に立てて冷凍する。

MIKI's POINT
手で砕いたクッキーの袋に豆乳をじか入れ！

fat free

MIKI's POINT
食べたらほぼ本物！夜食べても罪悪感なし

こんにゃくわらびもち

材料（1人分）

刺し身こんにゃく（青のり）… 5枚
黒みつ … 大さじ1

作り方

器に盛るだけ！
刺し身こんにゃくを器に盛り、黒みつをかける。

PART 4 おやつ

外でかじる！

焼きいも

外で小腹がすいたときのおすすめは、焼きいも！ お散歩しながらかじって食べてエネルギーチャージできます。おうちでは、熱々にクリームチーズをはさむとワンランク上のスイーツに♡

おうちで食べるときは

ミニトマト

洗ってバッグにしのばせておけば、外でも片手でパクッと食べられます。旅行先で野菜が足りないときもミニトマトは便利。

ウォーキングおやつ

冷凍かぼちゃ

冷凍大学いも

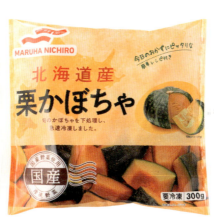

コンビニの冷凍コーナーでゲット。冷凍かぼちゃはコンビニの電子レンジでチンしてその場で食べます。冷凍大学いもはそのまま食べてもとってもおいしいので、アイスがわりに！

みきママ

おうち料理研究家。自身のブログ「みきママの毎日家ごはん。」がフォロワー75万人、YouTubeチャンネル登録数44万人、インスタグラムフォロワー44万人など大人気。子育てに奮闘しながら大学受験に挑戦、現在は管理栄養士の資格を取るべく勉学にいそしむ日々を送っている。『完食！家ごはん』（主婦の友社）、『みきママの東大合格弁当』（扶桑社）ほか著書多数。

Staff

栄養監修	平原あさみ（管理栄養士）
装丁・本文デザイン	太田玄絵
スタイリング	ダンノマリコ
撮影	佐山裕子（主婦の友社）
調理アシスタント	勝川美里
イラスト	フタバ
編集	水口麻子、浦上藍子
DTP制作	伊大知桂子（主婦の友社）
編集担当	宮川知子（主婦の友社）

みきママ やり抜きごはん

2024年12月20日　第1刷発行

著　者　みきママ
発行者　大宮敏靖
発行所　株式会社主婦の友社
　　　　〒141-0021　東京都品川区上大崎3-1-1 目黒セントラルスクエア
　　　　電話 03-5280-7537（内容・不良品等のお問い合わせ）　049-259-1236（販売）
印刷所　株式会社広済堂ネクスト

©Mikimama 2024　Printed in Japan　ISBN978-4-07-460003-8

Ⓡ〈日本複製権センター委託出版物〉
本書を無断で複写複製（電子化を含む）することは、著作権法上の例外を除き、禁じられています。本書をコピーされる場合は、事前に公益社団法人日本複製権センター（JRRC）の許諾を受けてください。また本書を代行業者等の第三者に依頼してスキャンやデジタル化することは、たとえ個人や家庭内での利用であっても一切認められておりません。
JRRC〈https://jrrc.or.jp　eメール：jrrc_info@jrrc.or.jp　電話：03-6809-1281〉

■本のご注文は、お近くの書店または主婦の友社コールセンター（電話 0120-916-892）まで。
＊お問い合わせ受付時間　月〜金（祝日を除く）10:00〜16:00

＊個人のお客さまからのよくある質問をご案内しております。